中欧の街角から

ポーランド三都市・ウィーン旅行記

副田 護
Soeda Mamoru

批評社

はじめに

小学生のころから、ひとり娘のトモはちょこちょこ我が書斎に入ってきて、目についた雑誌や本を読んでいた。はじめは「少年マガジン」、「少年サンデー」などのコミック誌だったが、そのうち手当たり次第となってくる。

書斎には、コミック誌のみならず、「アップル写真館」、「ＳＭマニア」から「文芸春秋」、「論座」まで、種種雑多な雑誌が積み上げられている。投稿全裸ヌードや亀甲縛りなどのグラビアを、トモは不思議そうに見ていた。子どもにはどうかなとも思ったが、取り上げたところで不在中に読まれたらそれまでだ。自由にさせていた。

いつか、トモは雑誌類より、本棚の書籍に手を伸ばすようになった。雑誌と同じく、書籍も種種雑多である。原稿の注文があったとき、それにあわせた参考資料として買い込んでいたからで、『中国飲食文化』『ミイラ信仰の研究』『中流と言う階級』と、まったく一貫性はない。ただ、近代史、特に戦争関連の書籍は何冊かの新書を書いたこともあって、まとめて並べていた。

それらから影響を受けたのかどうか、トモは二〇歳のころ、

「アウシュヴィッツに行く、旅費は稼ぐ」

と言う。

「ま、自由にしてごらんよ」

と答えておいた。

大学冬季休暇のあいだ、寒風吹く店頭でクリスマスケーキ売り、ソーセージ売りをして膀胱炎まで患ったが、アルバイト代は旅費に不足していた。じゃ、まとめて稼ぐと大学の研究論文に応募し、研究費の名目で二〇万円を獲得、嬉々としてポーランド・アウシュヴィッツに旅立った。なにがトモの心情に訴えたのかはわからぬが、二年後、もう一度別の学内論文に応募し、今度は一五万円を給付され二度目のポーランド行きとなった。

卒業しても就職せず、派遣社員として働いていたが、貯めた金でふらりと三度目のポーランドに出かけてブリヂストン現地子会社社長秘書という仕事にありつき、それっきり居ついてしまう。年に一、二度帰国してはいたが、あるとき、結婚する、結婚式はポーランドであげると連絡してきた。

ちょうど同じころ、四兄の正の娘が結婚した。披露宴の席上、娘のトモも来夏ポーランドで結婚式を挙げるという話を兄姉にしたところ、

「そりゃあめでたい、ポーランドに行く機会なんぞ滅多にない、みんなで行こう」

と、なにがなんだかわからないうちに話が決まってしまった。

ありがたい話である。担当編集者として三〇年以上の付き合いがあり、我が兄弟のゴルフ仲間

でもある友人の吉留にこの話をしたら、夫婦で付き合おうと言う。トモのために、ポーランドくんだりまで来てくれることには、本当に感謝した。

残念なことに、トモが我が兄たちのなかでただひとり「オッチャン」とよび、大好きだった長兄の義也は、川崎市の審議会の日程とバッティングして来られなかった。次兄の拓二は結婚式当日がヨーロッパ出張中で、ブリュッセルでの会議終了後、直接顔を出すと言っていたが、会議が長引きそうで出席できないと後刻連絡があった。結局、「おじちゃん」「おばちゃん」の長姉の浄子、三兄の眞也・荊子夫妻、四兄の正、それに吉留博之・つや子夫妻の六人が同行することとなった。

これからの話は、ポーランド三都市、オーストリア・ウイーンを歩いた折々の思い出である。もちろん、娘の結婚式出席が目的ではあったが、それ以外にも、感じるところの多い旅ではあった。思うところの多い旅でもあった。

許されるなら、いつか同じ中欧の地を再訪したい。その時なにを感じ、なにに思うところがあるのか、確かめたいと願っている。

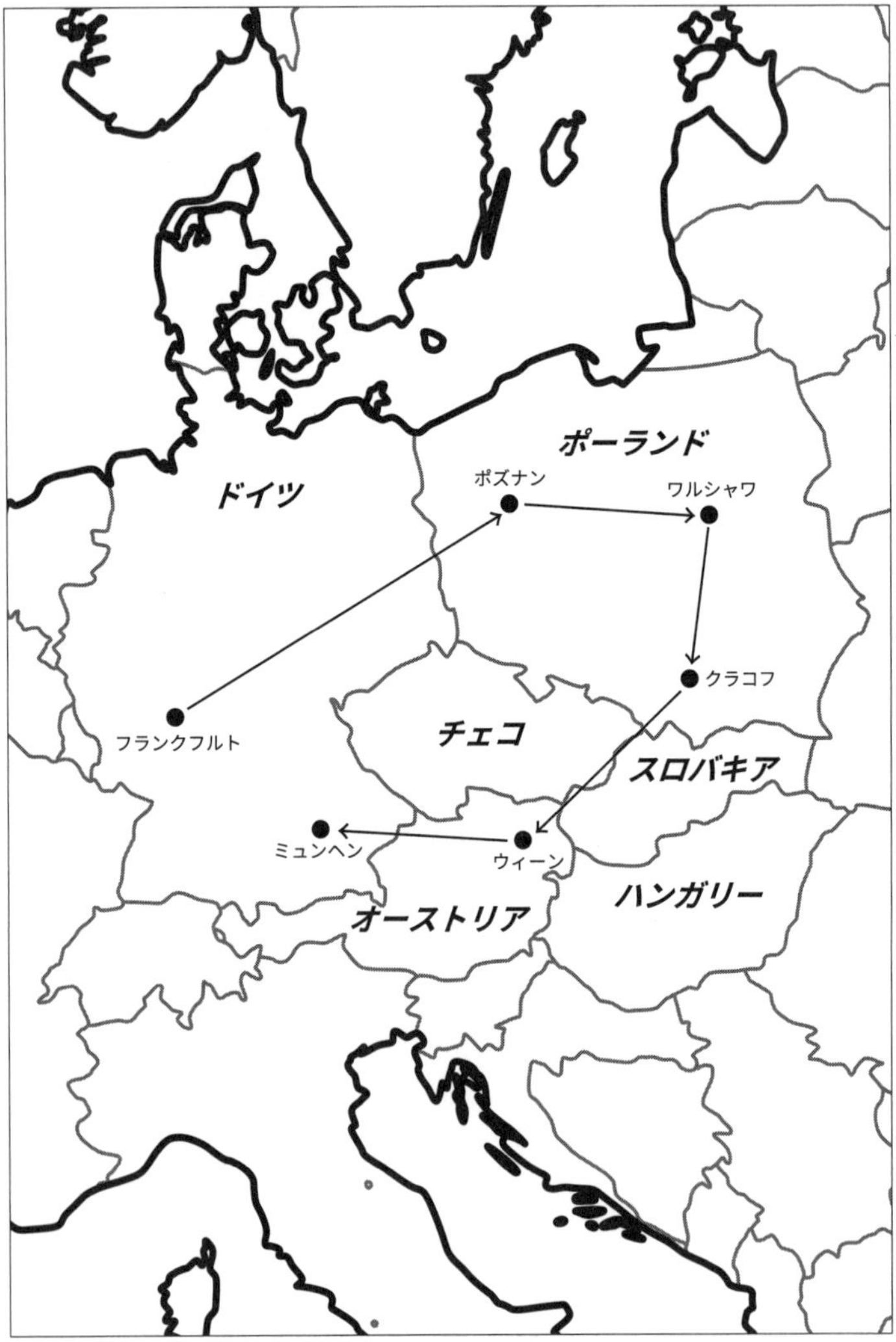
ポーランド
ポズナン
ワルシャワ
ドイツ
クラコフ
フランクフルト
チェコ
スロバキア
ミュンヘン
ウィーン
ハンガリー
オーストリア

「中欧の街角から」行程図

中欧の街角から

——ポーランド三都市・ウイーン旅行記

＊ 目次

第一章

美女ぞろいのCAにかつての木崎湖畔バス車掌を思い出すこと

二〇〇九年六月四日（木）

「楽しみ」にはならなかった機内食

三時三〇分、目覚ましで起きる。いつもだったらベッドに入る時間だ。そのせいか、まだ国内にいるのに時差を感じているようで、すこし頭がふらふらする。早寝するために服んだ強力版ハルシオン五ミリグラムのせいかもしれない。

吉祥寺駅で成田空港行きリムジンバス乗り場をさがす。新宿寄り出口ガード下にあった。鞄を下げた、一昔前のバス車掌を思わせる係員が切符を売っている。

正、吉留夫妻が先着している。雑談していると、オレンジ色のリムジンバスがくる。バスに乗り込み、すぐに動悸を覚える。

ひとり旅のときには動悸などまずないが、だれか同行者がいると、緊張してたいていはどきどきする。カミさん、兄姉や親友夫婦が同行者なのに、それでも動悸とはこれいかにと、我ながらすこし驚く。誰かと話すと、動悸がひどくなりそうな気がして目を瞑る。いつのまにか眠っていた。

一時間三〇分で成田に着く。所沢からのリムジンバス組、眞也夫妻、浄子と会う。ポーランドの古都ポズナンで挙げる娘の結婚式のために、兄姉に友人の吉留夫妻まで同行してくれるのだ。動悸だのへチマだのと言ってはいられないぞと、自分に気合をいれる。

中の免税店で煙草を買い、ついでに水も買って、精神安定剤のセルシンを一錠服用する。リムジンバスでの動悸が機内で再発するのを防止するためだ。乗り物酔い止めは、家を出る前に二四時間継続強力版を一錠服用してきたから、飛行機が少々揺れても心配はない。

搭乗したルフトハンザのジャンボは古いタイプだった。指定された席の隣は空席らしい。ひとりで座れることに、ついているなと少し嬉しくなる。

離陸するとき、急にジェット音が大きくなり機体が震えてくると居心地が悪くなる。かなりの角度で上昇していくのが、居心地の悪さに拍車をかける。リムジンバスといっしょで、誰からも話しかけられないよう、とにかく寝たふりをしているうちに、うとうととしていた。

眼が覚めたら、正面の画面に飛行コースと現在位置が出ていた。シベリア上空あたりで、昼食が出てくる。冷凍食品をレンジで温めた独特の臭いが機内に充満する。肉ジャガに高菜飯を少し食べて、ゴマだれが嫌いだから冷やし中華はほとんど手をつけない。

食後も眠ったが、尻が痛くなって眼が覚めた。

軽食にサンドイッチが出てくる。これは紅茶と共に完食する。

ぼーっとしていたら、夕食の時間だ。海外旅行で、長時間の飛行中、楽しみは食事くらいだと

LOT国内線ターボプロップ機（©Bardock）

いうトラベル・ライターの原稿を読んだことがあるが、機内食のどこが楽しみなんだか、さっぱりわからない。日本発らしくメインメニュは海鮮丼で、パン、チーズクリーム、ケーキがついてきた。それでも、半分くらいを食べる。

成田を九時三五分に出て、フランクフルトには一一時三五分に到着、ちょうど一二時間のフライトだった。現地時間は一四時三五分だ（以後、現地時間表示とする）。

ポーランド西部に位置するポズナン行きのフライトは一六時出発予定だ。空港でトランジットのため少し待つあいだ、売店で水を買う。五〇〇cc一本が二・七ユーロ（約三七五円）もして、空港価格とはいえ物価の高さにびっくりする。

ポズナンへのＬＯＴポーランド航空は、中型高翼双発ターボプロップ機だった。揺れるのではないかと、少し不安になる。五、六段の急で狭いタラップを機尾から上ると機内も狭く、二列二席のシートが並ぶ。それでも後部乗降口近くには、少し広めのビジネスシートらしきものが六席ほど用意されている。

ＣＡは、なかなかの美形だった。先進国のエアラインほど、ウエイト&年齢オーバーのＣＡが多いという説を、ポーランドのＬＯＴは証明していた。

第一章
美女ぞろいのCAにかつての木崎湖畔バス車掌を思い出すこと
2009年6月4日(木)

美形のCAを眺めていたら、高校生時代、受験勉強のため夏休みを過ごした長野県大町市、木崎湖畔のバスが思い出される。

そのころは、東京でもまだバスに女性車掌が乗務していたが、ま、どれもこれも「そこそこ」といった程度だった。ところが、大町駅から木崎湖を走るバスの車掌は、高校生の眼から見ても美人揃いだ。たまたまだったら驚かないが、幾度か乗車しても、その度にかなりのレベルに出くわす。不思議に思って、大町に連れて行ってくれた長兄の義也に、なんでこの町の車掌はみんな美人なんだろうと尋ねてみた。義也が説明するに、このあたりのバス車掌は若い女の子のあこがれの職業なんだよ、とのことだった。東京だったら肉体労働の一種だったバス車掌も、一九六〇年代前半の地方小都市では、近代的な職業と受け止められていたのだろう。

日本でもスチュワーデスと呼んでいた時代は美形が多かった。CAに名前が変わったころから、外見的には「そこそこ」が増えてきたような気がする。要するに、ポーランドのCAは、まだスチュワーデス時代なんだなと納得する。

殺風景なポズナン空港

ポズナンには一時間弱で到着した。主滑走路が一本のポズナン空港は、タキシング中に窓から眺めると、出雲空港によく似ていた。タラップを降り、歩いて空港ビルに向かう。

到着ロビーは行きかう人も少なく、どことなくさびれた感じがする。鉄骨にグレイのペンキを塗っただけのインテリアは無愛想そのものだし、平日だというのに売店も、ほとんどがシャッタ

ポズナン空港外観(©Radomil)

ーを下ろしたままだ。

三年前、トモはひとりでこの殺風景な空港に着いたのかと思うと、いい度胸をしていたなとあらためて感じる。

空港ビルを出ると、トモ、亭主になるウカシュ・シュプナル君が出迎えてくれた。ウカシュ君は、日本でいえばイーオンやECCみたいなところで英会話を教えていて、同時にポーランドの国民的詩人の名前を取ったアダム・ミツキェヴィチ大学(通称ポズナン大学)日本語学科の学生でもある。彼がどうして仏教に帰依したのか、今もってよくわからないが、曹洞宗の坊主見習いで、三年前から毎年一カ月間は日本に滞在し、本山永平寺のある福井県の天竜寺というお寺で修行していたそうだ。修行の甲斐あって、後に僧籍を取得、「法純」という伝統ある法名まで受けている。

空港から街へは、よく整備され中央分離帯のある広い二車線道路で繋がっている。我々が分乗したメルセデスCクラスのワゴン、オペル、カルディナのタクシーは、時速一二〇キロで吹っ飛ばす。高速道路でもないのに、運転手はアクセルをいっぱいに踏み込んでいる。ここでは左ハンドルという以前の問題があり、運転できないなと感じる。

中央分離帯と路肩にならぶ街路樹の葉が夕陽を浴びてきらめく。高

ポズナン空港からの２車線道路（©Radomil）

人もまばらだったポズナン空港（©MOs810）

緯度地方独特の淡いグリンの木の葉は、あふれる陽光で半透明のように見える。どこかでこんな木の葉を見たぞと思うが、どこだったかどうしても思い出せない。

しばらくぼんやり眺めていた。道が左にカーブし、正面から射しこむ陽光がまぶしくて視線を上にあげたとき、ふっとクロード・ロランだと気づく。タイトルは忘れたが、逆光にきらめく木の葉は、まちがいなくロランの港を描いた作品で見た覚えがある。四〇〇年も昔の画家は見たままの木の葉を描いたんだと思うと、自分の中の新発見になんだかちょっと嬉しくなる。

トモが予約していたホテルは、ブリヂストン・ポーランド御用達のドン・プレステッジ・レジデンスという長期滞在用アパートメント形式だった。フロントロビーは五、六人も客が来ればあふれそうなほど狭かったが、客室は六〇平米以上あって広い。

ドアを開けると、三畳くらいのホールがあって、左手にバス・トイレ、奥は二〇畳くらいのリビングだ。リビングに入ると左手にはシンクや冷蔵庫がならび、電子レンジ、湯沸かし器などもそろっている。引き出しの中には、ティカップ、皿、ナイフ・フォークが三人分入っていた。

ホール右手は一畳くらいのウォーク・イン・クローゼット、奥が八畳くらいのベッドルームになっている。トモはダブルベッドの部屋と言っていたが、冗談かと思っていたら本当に巨大なダブルベッドだったので、カミさんを含め、三〇年以上もだれかといっしょに寝室で眠る習慣がないだけにちょっと怯《ひる》む。

横にいたトモに眼で、なんとかしろと合図する。トモは館内電話で、なにやらポーランド語で注文している。すぐボーイがやってきて、ツインに変えてくれる。セミダブルをくっつけていただけだったので、少々ほっとする。

ポーランドくんだりまで、わざわざやってきた父親に対する悪戯にしたら度が過ぎていると思うが、ニヤニヤしているトモの顔を見るとなにも言えない。ま、ツインにできるのだから、これはトモの「武士の情」と、良いほうに受け止めておく。

足許には温風器があった。ポーランドの夜は六月でも冷えるのだろう。

日本人居住者は五〇人たらず

「一休みしたら、七時過ぎ夕食に出かけよう」

とトモに誘われる。

メモしたみんなの部屋番号に館内電話をかけて、ロビーで待ち合わせる。

ホテルを出るとにわか雨が吹きつけてくる。急激に気温が下がり寒い。二、三分歩いたところにレストランがあった。予約していなかったので席がなかなか作れない。ウエイトレスの小肥りお嬢ちゃんがこまった顔をしている。突然、日本人御一行様が八人、それにポーランド語でまくしたてる日本娘とスキンヘッドのポーランド青年を加えて一〇人に乗り込まれたのだから無理もない。

客筋は悪くないように見えた。我々に不躾な視線を投げる客はいない。ただ、ときどきちらっと見るくらいだ。あとでトモに教えてもらったが、人口五五万、ポーランド五番目のこの町に日本人居住者はせいぜい五〇人たらずという。少々見られるくらいはあたりまえかもしれない。

ようやく席ができて、トモが適当にオーダーする。ポーランド語はさっぱりわからない。語尾の発音が強い音感は、ロシア語に似ているような気もする。

入り口付近の席のため、客の出入りでドアが開くと冷たい夜風が吹き込み寒いのが辛かった。ただ、料理はどれも旨い。ポズナンの郷土料理というジャガイモをつぶしてヨーグルト、チーズをまぜた白っぽいソースは、どんな料理にかけても味をひきたててくれる。ソースそのものを食べてもさほどの味はしないのに不思議だ。

ビールを呑んでいた吉留が、

「珍しいね、よく食うね」

と話しかけてくる。確かに、食べ物の好き嫌いが多い上に胃弱でもあり、これまでは少食だったから、珍しいと言われても不思議ではない。

店内での喫煙はもちろん不可で、吸いたいときは外に出る。

また、にわか雨が降り始めた。軒先で雨を避けながら、食後だけに吸うシガリロを咥える。入り口横に備えられていた灰皿には吸殻がかなり溜まっているのに、我々のいるあいだ店内から煙草を吸いに出てきた客は、吉留とふたりだけだった。

旅行中、食事関連の勘定は、すべてこちらが支払いあとで人数分で割るという、兄たちや吉留と食事したり、ゴルフに行ったときのこれまでと同じ方式をとる。勘定をもってこさせると、二〇〇ズロチ（約七八〇〇円）とある。一〇人が、しこたま飲んで食ってこの値段は安い。一割のチップを加え二二〇ズロチを置いて出る。

帰り道、結婚式場を外から見る。旧市庁舎横の古い建物だ。樫でできた頑丈そうな古いドアは鉄の鋲と縁取りで更に補強されていた。結婚式場横のコンビニらしき店に寄り、水の二リッター・ボトルを買う。トモに言わせると、水道の水は飲まないほうが無難だそうだ。

部屋に戻ってから、吉留夫人つや子さんに来てもらい、ウカシュ君がウエディング・パーティで着たいという着物の着付け教室がはじまる。終わってから、正、吉留、ウカシュ君の四人で酒を飲む。正確に言うと坊主ジュニアのウカシュ君は酒を飲まない。正と吉留ふたりで盛大にオン・ザ・ロックを飲み始める。ウイスキーは、正がいつのまにかさっき寄ったコンビニで一本買い込んできていたようだ。

ほとんど一本を空けてから、それぞれ部屋に戻る。トモ、ウカシュ君は結婚式の準備があると帰る。

ブリヂストンのお偉方がポズナンを訪れたときの常宿というこのホテルには、浴槽があった。さっそく湯をためてみたが、せいぜい三八度くらいの湯しかでない。湯温調節ノブをいくらHのほうにまわしても、湯温はぬるいままだ。あきらめて入る。

西洋式の浴槽、それも欧米のホテルにある巨大なバスタブは、なんど入ってもくつろげない。

足が向こうの壁につかないため、下半身が浮かび上がるような気がして落ち着けない。同じように、我が家に泊まりに来た、トモが親しかったポーランド女子大生たちも、日本式の浴槽は狭っくるしかったろう。夏はもちろん、冬でもシャワーしか使わなかった理由のひとつかもしれない。

少し寒かったが、バスタブから上半身を起こして歯を磨く。取り外せる義歯を磨いていると、カミさんと同じ部屋で眠るのは三〇余年ぶりと気がついて、しばしバスルームの白いタイル壁を見つめる。

歯ブラシを持ったまま、歯磨き、洗顔、入浴、トイレ、睡眠など、これまですべてひとりだった日常生活も旅行中はいっしょなんだと思うが、なぜだかまったく実感がわかない。さほど嫌だなとも思わない。ただただ茫然としていた。ま、そのうち、どんなものかわかってくるだろう。

風呂からあがって、さっき買い込んだ水でハルシオンを服用する。疲れていたせいもあり、二・五ミリグラム通常版にした。

ぬるかった湯温もあって、室内がうすら寒い。温風器を入れてからベッドに入る。カミさんの鼾や寝息が気になったりするかと思ったが、意外にすぐ眠たくなったことに驚く。少しは大人になったのかなと考えていたら、いつのまにか寝付いていた。

深夜、暑苦しくなってつけっぱなしの温風器をオフにしたら、送風口から盛大に青白い火花がとんだ。少々驚くが、ポーランドでは、ま、こんなこともあるだろうと納得し、また眠る。

第二章

中欧の大地の恵みを結集させたボルシチに不経済な舌が瘧にさわったこと

六月五日（金）

ピンヒールで闊歩する石畳

四時五〇分に眼が覚める。

湯沸しポットの使い方がわからず、一苦労する。スイッチがどこにあるかがわからない。本体周囲はもとより、コンセント付近、コードを見てもない。あちこちひっくりかえしているうちに、ようやくポットのグリップにあることがわかる。さっそくお湯をわかして、備えてあるティバッグで紅茶をいれる。

外はよい天気だったが、窓ガラスをあけたら冷気が吹き込み震え上がる。お茶を飲み、することもないので散歩しようと着替える。下は七分丈アンダーパンツに厚手のコットンパンツ、上はTシャツにタートルとVネックのセーターを重ね着してジャケットを羽織る。六月なのに冬装備だ。

6月5日(金)

ホテルを出て、ひとりで歩きはじめたら、まわりが霞がかって見える。今朝のポズナンは、気温こそ低いが空はひたすら晴れ渡っているのに、風景がどことなくぼんやりしている。目脂でもついているのかと、瞼をこすってみるが変わらない。不思議なこともあるものだと思うが、異国だからなと、とりあえず納得しておく。

地元女性はピンヒールで闊歩していた石畳

旧市街まで足をのばすと、石畳の道になった。一〇センチ四方くらいの石が不規則にならび、凹凸があって滑り止めのあるゴム底のスエード靴でも歩きにくい。こんな道を、住人は皮底の靴で歩いているのかしらんと思ったら、早足で颯爽と横を通り越していった女の子はピンヒールだった。慣れているとはいえ、よく捻挫しないものだと感心する。

欧米に行くと、女の子の歩き方にいつも感心する。腰の位置が高いまま、背筋を伸ばし、ひざから上げた脚を、まっすぐ伸ばして地面を踏む。きれいな歩き方だ。

日本ではたいていの女の子がこうはいかない。足を「くの字」に曲げて、少し腰を引き気味に猫背で歩くから、なんとなくよたよたしているように見える。

もっとも、着物に草履で歩かせたら、日本人女性の歩き方は楚々としてきれいに見える。数百年の伝統がある着物で育まれたＤＮＡは、たかだか百数十年の洋服生活では修正されていないということだろうか。

カトリック教会とＳＭショップ

一時間半ほど、目的も無くうろつく。

ホテルから坂を下りていくと旧市街だが、逆方向に坂を上がっていくと、広場に出る。縦二メートル、横四メートルくらいのパネルが二〜三〇枚立てられていた。陸軍軍人の並ぶ写真が何枚か並べられていたので、最初は、今年で八〇周年となる、第二次大戦の火ぶたを切ったナチス・ドイツのポーランド侵攻を記念してかと思ったが、軍服がちがう。金属製の突起があるヘルメットをかぶっていて、プロイセン軍の軍服に似ている。

見て回るうちに、市民のデモ行進も出てきた。説明文はポーランド語のみで、まったくわからない。

あとでトモに聞いたら、第一次大戦時に行われたポズナン出身のヒンデンブルグ元帥による閲兵式から、一九五〇年代にソヴィエト連邦に反抗してポズナン市民が立ち上がった反乱のときまでの写真だという。波乱万丈のポズナン市の歴史を、プロイセン時代はもちろん、ソ連の属国だったころも知らない若者たちに紹介しているのかもしれない。

広場を一周してから一ブロック東側の坂道を下りていくと、古いレンガ作りのカトリック教会があった。教会敷地内に、二方向を開けたお堂があり、中に幼子イエスを抱いたマリア像が安置されている。マリア像の足許には、数十本の蝋燭が立てられ燃えていた。国民のほとんどは熱心なカトリック教徒と聞いてはいたが、あらためて実感する。蠟燭には香料が混ぜてあるらしく、お堂の中は甘い匂いに包まれていた。

　教会を出て、坂道をもうすこし下がって行くと、商店街が続く。革製品や陶磁器の専門店、文房具店などがならび、大きなショウウインドウにならべられた商品の趣味がよい。棚の置き方や照明などのディスプレイのセンスもなかなかだった。ポズナンという街にちょっと感心していたとき、突然、黒革のヴェストにＴバックのマネキンがあらわれたので驚いた。よくよく見てみると、革の鞭や鎖、奥には巨大な模造ペニスのディルドウ（張形）までが並べられている。街の中心の商店街にＳＭショップがあるところも、この街の懐の深さを感じて好感を持つ。ただ、朝っぱらから鞭や鎖をじっくり観察する気分にもなれず、そうそうに離れる。

ポズナンの新（左）旧（右）建物（©MOs810）

　街の建物は、オフィスビル、住居、商業施設など、使用目的にかかわらず時代によってみごとにその姿を変えている。

　外壁を壁画や浮き彫りなどで装飾し、窓にはちいさなベランダがついていてプランターの花を飾っている建物は、第二次世界大戦前、王国・共和国時代のもので、鉄筋コンクリートの無機質な外壁に囲まれた建物は、ソ連共産主義衛星国時代のものである。政治形態と建物がここまで露骨にリンクしていると、市民生活をおくる上で、ポーランドという国の置かれていた状況が寒風以上に肌身にしみてくる。共産主義時代は生活しにくかっただろうな、とも感じる。

建物の入り口付近、すこし見上げるような位置に、人物像と生没年月日などその説明が描かれた青銅板が目立つ。おそらく、この街出身で建物となんらかの関係がある人物だろうが、写真パネル同様、ポーランド語の説明文はまったくわからない。

ポズナン街角のゴミ箱

もうひとつ目立っていたのは、街角にポリバケツくらいの円筒形の箱が立っていたことだ。この円筒、下はごみ箱で、上はゆるやかな傾斜のついた一回りちいさな屋根がかけられている。よく見てみると、灰皿だった。どこの国にも不届き者はいるらしく、灰皿には噛み捨てたガムや丸めたティッシュなどが捨ててある。

ポズナン大学一〇年にひとりの秀才

冬支度で出てきたのに寒い。

陽光はまぶしいくらいだが、街角を回ったとき急に吹きつける風が冷たい。耳が痛くなってきた。宿泊していたホテルが見えてきたので、急ぎ足で帰る。

ぬるいお湯しか出ないくせに、このホテルのエレベータは妙に現代的で、階数表示にはボタンではなくタッチパネルを使っていた。こんなところにカネをかけず、あったかいお湯が出るようにしてくれたらと思う。

朝食は六階のレストランでとる。ビュッフェ方式だったが、客室を改造してレストランにしたらしく、料理のならべられた部屋と食事する部屋は別々になっていた。

日本にいるときと同じように、トースト一枚に紅茶、スクランブルエッグ少々を皿に盛ってテーブルに着く。みんな来ていて、旺盛な食欲を見せていた。料理はごくふつうだったが、ラズベリーとママレードのジャムの旨さに驚く。パンにつけて食べ紅茶を一口飲むと、口の中にラズベリーやオレンジの微かな香りが広がる。母親ゆずりで嗅覚は良いほうだが、味覚に関してはまったく自信がないから、あの香りは人工香料だったのかもしれない。

黙々と食べていると、昨夜と同じように吉留が嬉しそうな顔で見ている。ゴルフに行ったときなど、いつもまずそうに食事しているからだろうと、少々反省する。

当然のことながら、ホテルは禁煙室と喫煙室にわかれていた。カミさんとの部屋はなぜか禁煙室だったので、喫煙室だった吉留の部屋で煙草を吸いながら、今日の予定を話す。

一昨年、ポーランドの日本大使館が主催する日本語弁論大会に優勝し、副賞の往復飛行機チケットで日本へやってきた女子大生がいる。トモの友人でポズナン大学日本語学科のマルタ・ヴェソロフスカさんだ。結婚式に我々が出席すると聞いて、数カ月前からポズナンを案内すると言って、張り切ったメールを送ってきていた。

マルタさんは、日本旅行の途中、国分寺の我が家に一週間ほど滞在し、帰国した後も猛勉強でみごと京都大学に国費留学生となった。京都大学時代、クリスマスからお正月にかけて、遊びに来たこともある。トモに言わせたら、ポズナン大学日本語学科一〇年にひとりの秀才らしい。

一〇時にホテルで会う約束だったから、九時四五分ころにはロビーに降りる。姉の浄子が先にきていた。

「案内してくれるマルタさんに、プレゼントを持ってきた」

と姉の浄子が言う。

「プレゼントってなんだい」

と聞いたら、上質のパンティストッキングだと答える。一瞬、絶句する。

共産主義時代のポーランドだったらまだしも、充分に西欧化している国情からして、また、この国のスーパーエリート予備軍であり、当然プライドも人並み以上に高いマルタさんにパンストはないだろうと思い、遠回しにその贈り物はどうなんだろうというようなことを言ってはみたが、末弟の言うことなど、もちろん聞くはずもない。浄子曰く、二、三年前、パリに行ったとき、友人のお嬢さんにプレゼントしたら、日本製のパンストは上質だけど高価だからなかなか買えないと言って、とても喜ばれたのだそうだ。

トモの結婚式のためにわざわざ来てくれたのだから、それ以上さからうのは止めた。マルタさんには、あとでそれとなく謝っておこうと思う。妙に気になって、トモに翌日、ことの顛末を話したら、小首をかしげて、

「ま、いいんじゃないの」

と笑っていた。

雨に濡れた街の美しさ

一〇時まで、まだ時間があったからホテルの外で煙草を吸っていたら、白いコートを着たマルタさんが坂道を下りてくる。

一昨年の夏と昨年のお正月を過ごしたときは、ブルネットで大柄な女の子としか印象がなかったが、一年半見ないだけでびっくりするほど綺麗になっていた。顔はもちろん、全身から無駄な肉が落ちている。

とはいえ駆け寄ってきて、がばっと抱きしめられたら、やはり白色人種独特の身体の厚みがあり、マルタさんご愛用の香水BOSSディープレッドの香りに包みこまれる。顔を見合わせてから思わず、

「お綺麗になりましたね」

と声をかける。

「あら、国分寺でお目にかかったときは綺麗じゃなかったんですか」

と生意気なことを言う。日本語能力もずいぶん向上しているようだ。すぐに、ロビーに降りていたみんなを紹介してから、ポズナンの街を歩く。

「どんなに晴れていても、外出するときは傘を忘れないでね」

と昨夜のにわか雨のとき、トモにくどく言われていたが、ホテルから一〇〇メートルも行かないうちに納得させられた。

無風快晴の中を歩き出したが、乾燥していた空気が瞬時に湿っぽくなって冷たい風が吹き始め

ポズナン旧市庁舎とギルドで色分けされた建物

る。青空が黒く厚い雲でおおわれると、強風が吹きつけてくる。同時に横殴りの豪雨が降りだす。傘を開く間もない。マルタさんは慣れたもので、コートの襟を立ててから、悠々と大きな傘を開いて差しかけてくれる。折りたたみ式の傘は小さくて、なんの役にも立ちはしない。

名所旧跡を何か所か案内してくれたが、豪雨に強風、晴天、豪雨にまた強風、これが繰り返されると、さすがにうんざりしてくる。目に付いたレストランにとびこんで飲んだ紅茶にほっとする。正が嬉しそうに紅茶を飲んでいたので、「ポーランドの紅茶が美味いのは水のせいかなあ」と尋ねると、

「紅茶？　俺はそんなもの、飲んでねえぞ」と答える。よくよく見てみると、ホットウイスキーだった。酒が根っから好きなんだと、あらためて感心する。

旧市街、旧市庁舎前まで来たとき、女性陣が

買い物をしたいと言い出した。付き合わなくてはと思ったが、歩き疲れていたため、案内はマルタさんにまかせて男たちだけで別行動をとる。

早朝、ひとりで散歩したときには気付かなかったが、雨に濡れた石畳は美しい。陽光をはねかえして濃緑色に輝く。

旧市庁舎や広場を囲む中世からの建物の外壁も、朝日にはくすんだ色だったのに、雨に濡れると山吹色、若草色、乳白色と淡い色合いが絶妙なハーモニーを奏でている。考えてみれば当たりまえのことだが、気候風土にあわせた色彩感覚、というか雨に濡れたとき美しくなるよう計算しつくした住民のセンスの良さを感じる。

あとでウカシュ君に教えてもらったが、各建物の色はハンザ商人たちのギルドをあらわしているとのことだった。扱っていた商品は、中世欧州随一の取引高を誇った岩塩、獣皮、レース、馬具と聞く。

おそるべし、ポーランド料理

眞也、正、吉留と共に、煉瓦色の外壁が目に付いたレストランに入って昼食にする。

吉留と一緒に、おぼつかないヨチヨチ英語でメニュをみながら注文する。初老のウエイターも英語力は似たようなもので、なかなか通じない。どうやら、ランチはコースメニュ中心らしい。面倒だから、適当に肉と魚のサイドメニュを二皿とり、ボルシチとパンを四人分加える。飲みものは、正の好みでビールとズブロッカにした。

運ばれたボルシチを一匙すくって含んだ瞬間、吉留と無言のまま見詰め合う。

中欧の大地の恵みともいうべき食材から、練達の料理人がその精髄を絞り取り、じっくり煮詰めた香りが口腔いっぱいに広がる。ビーツで濁っているただのボルシチにしか見えないが、こ奴は牛肉牛骨その他動物性のエキスをふんだんにちりばめ、数多くの野菜類からの旨みとともに、濃厚、豊潤かつ深遠な世界を舌の上で繰り広げる。

ただただスプーンを動かすしかない。沈んでいるミニ餃子のような具は、つるりと口中に滑り込み、嚙みしめると皮の小麦粉の甘さ、スープの酸味と肉汁の旨みがからみ合い、また新しい未知の味覚の世界を開き始める。

ポズナンで絶品だったボルシチ

昔、今度の旅には同行していない長兄の義也から言われたことを思い出す。なにかのきっかけで、

「料理の旨い不味いなんてのは、生まれたときから食っていないと舌がその味を覚えていない、本当のグルメになるためには三代の時間が必要だ」

と主張したところ、そりゃ一理あるけどね、と前置きしてからこんな話をしてくれた。

父が西南学院の英語教師をしていて、義也も九州・博多に住んでいた敗戦直後のころ、百道《ももち》の浜で遊んでいたら、漁師が網からあげたばかりのイカを海水で洗ってから裂いて食べさせてくれた。生まれてはじめて水揚げされたばかりのイカの刺身をおそるおそる口にしたら、口中いっぱいに潮の香りと甘みが広がり、その旨さは六〇年以上たっても忘れられないという。

「三代たたなくても、特に舌を訓練させていなくても、ほんとうに旨いものは素直に旨いって舌が反応するのじゃないかなあ」

首をひねりながらそう言っていた義也の顔が浮かんでくる。その説が正しいとするなら、これまで食通から高い評価を受けていて、当然けっこうな値段のレストランや寿司屋に行ってもさほど旨いと感じなかった自分の舌が、ずいぶん不経済だったと思い、癪にさわる。

「おそるべしポーランド料理の深さだな」

吉留が、底に残って薄いピンクに色を変えたボルシチを、パンできれいに拭いとりながら呟く。なにも言わず、溜息だけで答える。

みごととしか言いようのないボルシチのあとでは、サイドメニュは付け足しだった。三人ともズブロッカを飲みながら、適当に食い散らかしていた。

「おかしいな、味を感じない」

と眞也が首をかしげながらズブロッカを呑んでいる。吉留が眞也のグラスに手を伸ばし、一口含んで、

「そうですか、なかなかだと思いますよ」

と答える。眞也は、何度かズブロッカを口に含み、ワインでも味わうかのようにもぐもぐさせてから、

「おかしい、やっぱり味がしない」

と繰り返す。

勘定を清算して請求書を持ってこさせると、なんと三〇〇ズロチ（一万一七〇〇円）とある。たった一日で、頭の中はポーランド価格に切り替わっていたらしく、高いなあと思わず口走ったが、あのボルシチだったらしようがないかと納得して支払う。あとでトモに聞いたら、そんな店あったけかなと、首をかしげていた。

ホテルに帰る途中、吉留がそばに来て、

「眞也さん、なんだか体調が悪いんじゃないの？」

と心配そうに小声で言う。

この旅では、吉留の気遣いにはなんども感心させられた。その気遣いは常に的確で、あとになって納得させられてばかりだったが、そのときは聞き流していた。のちに大失敗だったと気づく。眞也はこのころから、相当体調を崩していたようだ。

市街地を一二〇キロで飛ばすタクシー

六時前に起きたので、さすがに眠い。部屋にはいると、ソファで一時間ほどの仮眠をとる。

トモから電話で起こされ、ウカシュ君のご両親とロビーで会う約束を思い出す。寝ぼけ眼で、ご両親にお会いしたときのためのメモ用紙をさがす。マルタさんと、旅行前にスカイプでなんどか練習したポーランド語の挨拶だ。

どの外国語でもそうだと言うが、子音の発音がむずかしい。マルタさんも最後のころは、ま、だいたいそんなものでしょうと言っていたから、通じるかどうかはあやしいものである。

約束の時間になってロビーへ降りて行くと、ご両親がいた。父親は「羊たちの沈黙」で知られる英国人俳優のアンソニ・ホプキンスそっくりで、物静かで渋く魅力的な男だった。母親は、屈託なく笑うあかるい女性だ。まだ一四歳と年の離れた妹は、はにかんで我々とは目を合わせようともしない。

ポーランド語と日本語で初対面の挨拶をしたあと、トモにポーランド語で挨拶するから、通じなかったときはフォローしてほしいと頼む。

ご両親の目を見据えながら、ゆっくり、

「ハジメマシテ、日本カラ来マシタ朋子ノ両親デス、ドウゾヨロシク」

とマルタさんから教わったポーランド語を話し始めたら、母親が目を丸くしていた。挨拶を終えたら、がばっとふたりから抱きしめられる。喜んでもらえたようで、とりあえずのお勤めをはたした気分になる。

おかしかったのはそのあとで、ウカシュ君の耳をひっぱりながら、母親が小声で叱っている。

「馬鹿息子！　あんたが私たちに日本語の挨拶を教えないから恥をかいたじゃない！」

というような意味のことを言っているとトモから聞く。母親が息子に口うるさいのは、どうやら万国共通のようだ。

ご両親は、ポーランド南西部、ドイツとの国境付近にある街から車で来ていた。トモがポズナンで下宿していたシュテチ家に滞在しているという。

ひとしきりトモとウカシュ君の通訳で話をしてから、二年間、トモが下宿してお世話になったシュテチ家にお礼を言うため、トモ、ウカシュ君、ご両親とともに伺うことにする。

タクシーをよんだらメルセデスのEタイプ・レザーシートだった。もちろん、運転手はアクセル全開で吹っ飛ばす。市街地なのに、交通量も少なくないのに、メーターは一二〇キロを回っている。事故を起こさないのが不思議だ。

メルセデス300E、革張りシートのタクシー

もうひとつ不思議だったのがタクシー料金で、乗車していた距離、時間を考えると、感覚的に初乗り一三〇円時代の日本のタクシー料金とほぼ同じだ。タクシーとしてメルセデスを購入するには、中古車とはいえ二〇〇万円以上はするだろう。どうやって減価償却しているのだか、いくら考えてもわからない。

中老男の小娘的感覚

シュテチ家のお嬢さんであり、トモの友人のパウリナさんはポズナン大学日本語学科の学生で、今、名古屋大学に留学しているため不在だった。

パウリナさんのお祖母さん、ご両親が大歓迎してくれた。なにやら、巨大なケーキの塔が作ってあり、取り皿にてんこ盛りしてすすめられる。

お祖母さんはポーランド語のみ、お父さんはドイツ語を少し話すというが、こちらはドイツ語なんて学生の時の第二外国語ですこし勉強したくらいだ。手も足もでない。トモ、ウカシュ君の通訳とお母さんが英語を話してくれたので、なんとか会話の真似ごとはできた。

トモが、父親はヘビースモーカーだと伝えていたのか、お母さんがベランダにさそってくれた。座り心地のよいゆったりした椅子が二脚、ちいさなテーブルには灰皿が用意されている。

お母さんがウインクしながら、

「私モ吸イタカッタケド、オ祖母サンガウルサクッテ」

と言い、煙草に火を点ける。嫁姑のちょっとしたいさかいも万国共通らしい。

八時をまわっていたが、高緯度だけにベランダから見る住宅地はまだ夕日に染まっている。美しい風景だが、朝とおなじように、なんとなく霞がかって見える。

日が沈みかけると、すぐに逢魔が刻だ。黄昏が禍々しいとは言わないが、異国でのこの時間帯には、なにやら心ざわめくものがある。トモに、そんなざわめきはないかと聞いたら、

「小娘じゃあるまいし」

の一言が返ってきた。

そういえば、インドをバイクで駆け抜けたライダー、オーストラリアで絵を描いていたイラストレーター、イタリアに三カ月間遊学していたライターという、仕事仲間だった三人の女性たちにも同じようなことを聞いたところ、だれからも

「ずいぶん少女趣味ですね」

「そんなにロマンティストとは存じませんでしたわ」

と鼻先でせせら笑われた。ざわめくどころか、七〇歳を越えて、聖地エルサレムに毎年のように出かけ、

「海外では、夕暮れになると美味いワインにありつける」

と嬉しそうに話す我が老母まで思い出し、背筋に一瞬寒気が走る。

寒気は、冷たく澄み切ってはいるが硬く湿っぽい風が吹いてきたせいもあったようだ。咥え煙草の煙が沁みたのか、眼を細めたお母さんが、

「『トモコ』ハ『ラッキー』ダワ、明日ハ珍シク一日中ヨイオ天気ニナルワヨ、夜ニナッタラ少シ雨カシラ」

と呟く。お母さんの気象予報は正確だった。


青い目の坊主が学ばなかった日本人の風呂好き

ホテルまでの帰りは、ウカシュ君の父親が自分の車で送ってくれた。シュテチ家の車はボルボ、ウカシュ家はプジョーである。多分、両家とも、この国では豊かな階級に属するのだろうなと思う。

トモはホテルまでついてきて、

「風呂！　風呂！」

と騒ぐ。今住んでいるシュテチンという街の部屋にはシャワーしかなく、バスタブにゆっくりつかりたかったらしい。

ウカシュ君は、風呂にこだわるトモに、不思議だなと小首をかしげている。青い目の坊主ジュニアは、曹洞宗天竜寺で修行を積んだとはいえ、日本人の風呂好きメンタリティまでは学んでこなかったようだ。風呂に入っているあいだに、トモから、

「来てくれたおじちゃん、おばちゃんたちに渡してね」

と頼まれた引き出物がわりのマグカップを持って各自の部屋を訪ねる。

吉留の部屋で、つや子さんに、イチゴでもいかがと引きとめられ、ちょうど煙草も吸いたかったところだったので、ポーランド産の甘みの強いイチゴをご馳走になる。午後遅くに買ったイチゴだが、半分は黒ずんでいる。

つや子さんによると、八百屋で買ったときはみずみずしかったのに、五、六時間で腐ったとのことだ。

足の早さにびっくりするが、冷蔵庫に放り込んでいたら、二、三日は新鮮なままの日本のイチゴのほうが、防腐剤でもつかっているんじゃないかと、あらぬ疑いをかけてしまう。海外旅行ではよくある、滞在する国を贔屓する心理が出てきたのかなと、可笑しくなる。

部屋に戻ったら、トモとウカシュ君は帰っていた。カミさんはもう眠っていたので、ゆっくり風呂にはいる。取り外し式の奥歯三本ぶんの義歯を磨くときも、手の中に隠してこそこそする必要がなくて安堵する。今日は熱いお湯が出る。チャンスと、下着、靴下など二日分の洗濯をして、ホット・バーにかけて乾かす。

ホット・バーには、オーストラリアで長期滞在用ホテルに泊まったとき、はじめてお目にかか

った。

最初は、風呂場になんで金属製の小型梯子があるんだろうと不思議だった。長く滞在しているうちに仲良くなったフロントの女の子に尋ねると、濡れたタオルをかけたり、靴下や下着を洗って干しておくためだと説明してくれ、ダイヤル式のスイッチが横の壁にあり、金属バーの温度調節までできると教えてくれた。日本のビジネスホテルにもあるのかもしれないが、毎日自宅で原稿を書く日々だったから、こんな便利な設備があるとは知らなかった。

少々疲れていたので、通常版ハルシオンを半分に割った〇・五錠を服むと数分で眠り込む。

第三章
炭坑節でポーランド伝統的祝い唄に対抗したこと

六月六日(土)

朝陽に燃え立つ甍の波

トモとウカシュ君の結婚式の朝だ。七時三〇分に眼がさめた。

ひとり娘の結婚、それもポーランド人青年が新郎で、結婚後はポーランドに住むと言うが、なにか特別の想いがこみあげてくるはずなのに、これといってなにも感じない。感じないことが不思議で、しばしベッドの中で寝起きの煙草を吸いながら考え込んだが、禁煙室と気づき、あわてて煙草を洗面所に行き水をかけて消す。

昔、従兄で精神科医の河合洋から、

「おまえは典型的な感情鈍磨症だな」

とからかわれたことを思い出す。

八時に朝食を、昨日とおなじレストランでとる。メニュは似たようなものだったが、生クリー

ポズナン大聖堂をとりまく赤屋根(©Adrian Grycuk)

ムたっぷりのケーキがあった。朝っぱらからこんなケーキを食べる客がいるのかしらんと見ていたら、浄子、カミさんが皿いっぱいにとっている。おそれいって、昨日と同じで旨かったジャムと黒パン、紅茶にする。

眞也が来ていない。少し遅れてきた荊子さんから、

「体調がよくない、今朝はもうすこし寝かせておきたい」

と聞く。

今朝のポズナンは快晴、雲ひとつない。ただ、昨日のこともあるからと、パウリナお母さんは保証してくれたが、この青空がいつまで保つことやら、少し心配になる。

ホテル最上階のレストランからは、国王ミェシュコ一世が、一〇世紀にポーランドを統一し首都としたポズナンの街並みが広がっている。今朝も霞がかって見えたが、そんなものだろう

とさほど気にならなくなる。

日本では甍の波といえば黒ときまっているが、ポズナンでは赤だ、正確にはオレンジに近い赤で、街が朝陽を浴びて燃え立っている。そこから暗褐色と濃緑色の旧市庁舎、ポーランド最古というカトリック教会の石造の塔がそびえている。トモがなんどか送ってきた絵葉書を思い出す。

朝日のあたる東側の部屋は席が満席で、荊子さんだけひとり、西側の部屋に席をとる。ポーランドまでやってきて、亭主が体調不良の朝、ひとりだけで食事させるわけにはいかない。同席のみんなに、

「朝陽がいっぱいに射しこんでまぶしい。明るすぎる」

と言って、部屋を代わり荊子さんと同席する。お腹の調子が悪いのなら、下痢止めから消化薬、胃潰瘍用のガスター10までもってきていることを伝えると、喜んでくれた。あとで部屋に届けることにする。

もう一人の秀才美人女子大生

今日はアガタ・クリコフさんが来る。

アガタさんも、マルタさんと同様、日本大使館主催の日本語スピーチコンテストで昨年優勝した秀才だ。優勝副賞として受け取った日本への往復飛行機チケットで夏休みに来日し、我が家にも一週間ほど滞在した。猛暑の中、都内を歩き回って日本の今を感じていたようだ。

ポーランド人に限らず、日本語学科の欧州大学生は、ほとんどが黒澤明、北野武などの日本映

画かアニメ、コミック、ゲームなどで日本に興味を持ち、昂じて日本語を学び始めたと聞く。ところがアガタさんは、きっかけは宝塚歌劇団だった。古いビデオで宝塚の舞台を観て、たちまち夢中になり、日本語を学ぶようになったのだという。

夏に来たとき、たまたま夏季休暇で帰国していたトモには申し訳なかったが、東京宝塚の舞台チケットを二枚入手し、いっしょに観に行くよう付き合わせた。帰ってきたアガタさんは大感動、トモはひとこと「妙な世界だね」だった。好みは多彩なものである。

その宝塚フリークぶりは熱狂的で、興味のないTVはちらとしか見ないが、知人が宝塚のDVDを持ってきたら、眼鏡をかけて食い入るように見はじめた。好き嫌いがはっきりした、気持ちのよい女の子ではあった。

アガタさんはすこぶるつきの美人で、トモは、我が家でシャワーを浴びたあと、髪をアップにしてバスローブ姿で出てきたところを見て、

「ハリウッド女優だね。ありゃあ、日本で商売する気になったら高く売れるよ」

と失礼千万なことを言っていた。

その美人が、結婚式に出席する前に、ポズナンを案内してくれるという。

アガタさんに、頼まれていた六歌仙の資料を渡す。卒論のテーマが六歌仙というから、ただの宝塚フリークではないことがわかる。感心していると、

「きちんと書きあげたら、多分、ポーランドでは初めての六歌仙の論文になります」

と、照れくさそうに言う。

資料のお礼だということで、故郷シュテチンの街角を描いた水彩画と、ワインの搾りかすからつくった自家製の酒をもらう。こ奴、とろりとした濃褐色の液体に強烈な酒精分を秘めていた。その夜の酒盛りに封を切った正は、一口呑んだだけで、うーむとうなっていた。

ポーランドの風習では、新婦の花嫁衣装は新婦の母親が着せるという。カミさんは、ウカシュ君の家でトモの着付けと、その後、街中での記念写真撮影に付き合うため、結婚式出席用の着物に着替え出て行く。この写真撮影だが、後で聞くとなんとプロカメラマンがやってきて四〜五〇〇枚も撮影したそうだ。写真好きは日本人だけじゃないらしい。

ウイッチェンはポーランド版「和光」

浄子と正が、昨夜の食事帰りには閉店していて、覗いただけのウイッチェンに行きたいと言う。ウイッチェンは革製品専門店で、例のＳＭショップのすぐそばにあった。

ポーランドのブランドショップらしく、内装は趣味がよい。日本で例えれば、銀座の和光といったところであろうか。ショップの店員も美人だった。見慣れない日本人が押し掛けても眉ひとつ動かさない。きっと、宇宙人が来店しても営業用スマイルを浮かべているのだろうなと思う。ただし、値段もかなりなもので、趣味はよいがごくふつうの財布に五〇〇ズロチ（一万九五〇〇円）なんてタグ（値札）が下がっている。平均月収五〜六万円のポーランドでこの価格だから、店内に客はいない。

店員は残念なことに、英語しか話さない。日常会話程度のフランス語だったら話せる浄子が、

「『フランス』語ハ話セマスカ？」

と聞くと、申し訳なさそうに、

「パルドン、マダム（ごめんなさい）」

と答える。あとはアガタさんに任せることにする。

商品を見る眼は浄子が一番だった。アガタさんの通訳で、商品を並ばせてから、次々に注文をつけて、たちまち財布やブック・カバーなどを山のように選ぶ。

「そんなに買い込んでどうするんだい」

と聞くと、商品をチェックしながら、

「会社の部下へのお土産だ」

と答える。人を使うってのは、気を使うことだとあらためて感じる。

海外旅行に行った日本人は買い物ばかりしていると言うが、その理由がはじめてわかった。みんなとは言わないが、その多くはお世話になった人たち、あるいは会社の同僚、部下、留守宅にいる家族などに買っていくのだろう。

ルイ・ヴィトンの本店で日本人客の入場制限を見て「日本の恥」なんぞと言っている連中の訳知り顔が浮かび、

「人にはそれぞれ事情がある、ひとくくりにはできないのだから上から目線はおよしなさい」

と言いたくなる。

正も、長男の嫁と娘ふたりへのお土産選びをしているが、酒しか興味がないから、もっぱらアガタさんに任せている。将来、ポーランドを代表する日本文学者になるかもしれない美人の秀才に、買い物のアテンドをさせていいのかしらんと、今さらながら少々心配になる。

小銭入れが大きく口をあけるタイプの財布をひとつ選んでからは、することもないので地下のシューズフロアを見に行く。靴好きの眞也がいて、ごくふつうの革靴を持ちながら、

「この革は、ジョン・ロブに負けちゃいないな」

と言う。あとでわかったことだが、ポーランドは中世から武具、馬具などに用いる良質の皮革生産国だった。英仏伊西の皮革ブランドの多くは、原材料を今もポーランドから輸入しているそうだ。

ビール工場改築のショッピングセンター

アガタさんによれば、このショップはセカンドライン(デザイナーズブランドの若者向け普及版)をメインにあつかっているらしい。〇九~一〇シーズンのファーストラインを並べてある本店は、一〇分ほど歩いたところにあるビール工場を改築したショッピングセンターに入っているとのことだった。当然、じゃ、行ってみようということになる。店を出て、二ブロックほど離れたところにショッピングセンターはあった。

このショッピングセンターは、ザラやH&M(スペインのZARA、スウェーデンのH&Mは、日本のユニクロとともに世界の三大ファストファッションメーカー)なども入っていて、客も多い。ただし、ウイッチェンのある三階はブランドショップが並んでいて、客数が急に少なくなる。

本店は革の質、デザインなど、申し分のない品ぞろえではあったが、値段もかなりなもので、ボストンバッグの一万ズロチ（三九万円）にはおそれいった。浄子や正は、日本の感覚が抜けきらないらしく、ジャパン・マネー・プッシュを繰り返している。

外に出ていくつかのショップを覗いてみたが、どこもセンスが良い。特に、アパレル関係に感心する。ボディ部分を左右真っ二つに分けて、向かって右が黒と白の大きな市松模様、左は深紅のカットソーには思わず見とれてしまう。ポーランド語らしきタグがついていたから、オリジナル・ブランドなのだろう。七二〇ズロチ（二万八〇八〇円）は、さほど高いとは思えない。

そろそろ帰ろうとしたが、

「もうすこし街をぶらぶらしてみないか」

と正が言う。疲れていたので、眼についたレストランに飛び込む。入ってわかったが、テーブルがきちんとセッティングされた、まっとうなレストランだった。

アガタさんに、

「食事じゃなくお茶だけでよいか」

と聞いてもらう。いっこうにかまわないということで、ともかく一休みする。正はもちろんウイスキーを呑んでいた。三〇ズロチを支払って出る。

少々歩き疲れた。眞也も疲れたから帰るとのことで、みんなと別れ、ふたりでホテルに帰る。

着物姿のおばちゃんふたりと野次馬

ずっとだれかと一緒だったためか、人あたりしたらしく体がだるい。昼だけではなく、夜まで一緒だから無理もないよなあと、独り言が出てくる。

本番の結婚式前に疲れたんじゃ洒落にもならない。紅茶を飲んで、少し休んでから外に出てみる。

ホテル前の坂道を歩いていると、スーツに着替えた眞也が下りてきてばったり出会う。体調、今ひとつはかばかしくなく、胃がむかむかしていると聞く。持病が胃弱なだけに、その不快感がよくわかる。

式の時間が迫ってきたため、部屋に戻りディレクターズ・スーツに着替える。出発前、新婦の父親だからモーニングコートかなとも思ったが、荷物が増えるから略礼装で勘弁してもらうことにした。カミさんも合わせて、五つ紋色留袖を選んだ。

ホテル・ロビーに、日本からの出席者が全員集合する。吉留夫人つや子さんの着物姿はさすがに着こなしが巧い。巧いといっても、もちろん、芸者や水商売風ではなく、品のいい着こなしだ。着物を着ているのではなく、ふんわり纏っているように見える。日常生活のなかで、普段着として着物を着ているからじゃないかなと思う。

カミさんが新郎新婦の付添から帰ってきたので、旧市庁舎横の式場まで歩いて行く。

今日は土曜日、その上、カトリックの『聖ヤンの市場』の聖日とかで、旧市庁舎まえの広場には屋台やオープンカフェが所狭しと並んでいる。

ポズナン「聖ヤンの市場」(©Radomil)

日本の縁日とちがって、屋台の形、並び方にまったく統一性はない。よく言えば個人主義、悪く言えば協調性がない感じがする。こんなところにも、今でこそ農業国だが、かつては狩猟民族だったポーランド人の面目躍如たるものが見られておもしろい。

ただ縁日に来ている連中は、日本もポーランドもあまり変わりない。おそらく、着物姿のおばちゃんふたりが並んで歩いているところを見るなんて、初めてのことなのだろう。野次馬が遠巻きに囲んで付いてくる。もしかしたら、お祭りの余興とでも思っていたのかもしれない。

式場の横には、さっきまで一緒だったアガタさんが、いつのまにかきちんとピンクのフォーマルドレスに着替えて立っている。ちょっと浮かない顔をしていたのは、後になって理由がわかった。

アバウトだったブリヂストン子会社就職事情

マルタさん、トモとウカシュ君の仲を取り持った月下氷人とでもいうべきウェンドランド亜貴さん、ポズナン大学日本語学科講師の塚崎巌さん、マルタさんと同時期、千葉大学に留学していたオラ・ラディさんなど、我が家に遊びに来たトモの友人たちもいた。亜貴さんは花嫁付添人でもある。

花婿付添人は、曹洞宗ポーランド支部長のような役回りの坊さんであるポーランド人の観禅さんだった。

この観禅さんだが、比叡山の荒法師かくありきと思わせる人相の悪さで、美人が大好きな生臭坊主だ、とトモが教えてくれた。教会に来る若い女子青年のなかでも、美人を極端に依怙贔屓していた牧師の我が父親を思い出し、兄弟一同、思わず苦笑する。

ポーランドでもジューン・ブライドの風習があるのか、式場前はさっき結婚式をあげたらしい新郎新婦が記念撮影している。まわりには野次馬が群がり、他人の結婚式なのにせっせと撮影しているのがおかしい。

秘書として仕えるブリヂストン・ポーランドのスタルガルト社長長尾義弘さんと、ポズナン社長反岡幹行さんをトモから紹介してもらう。年齢は、ふたりとも五〇代後半か、魅力的な男たちだった。東京の留守宅は多摩近辺で、国分寺の我が家からも近い。

ブリヂストン本社の代表取締役専務も国分寺遺跡付近をよく散策しているとトモから聞いた。スタルガルト工場オープニングで、本社からやってきた専務をアテンドした時のことだ。子会社社員から見れば雲上人の専務との話題に困ったトモは、日本名水百選に選ばれている「お鷹の泉」は私の家の裏にあるという話を振った。すると、偶然だが専務も散歩の途中、農家が「お鷹の泉」から流れ出る小川の畔で自家販売している江戸野菜売り場に、よく買い物に行くといった話に花が咲きすっかり意気投合、なんと本社社長にまで紹介してもらったという。シュテチン社長はじめ、現地の日本人社員は、トモに失礼な言動がないかとさぞかしひやひやしたことだろう。

トモがブリヂストンに入社するようになったのは、ポズナン社長の反岡さんと、ひょんなきっかけで知り合い、

「今度スタルガルトに新工場を建設するんだけど、うちで働かない？」

「お願いします」

という、なんともアバウトな就職事情だっただけに、心配されるのも無理はない。

一八世紀から続く巨大な結婚記帳書

時間となって、式場の中に入る。

中世ポズナン領主の館だったというこの建物は、大理石の階段中ほどが少しすり減っていた。王制ポーランド時代の貴族や騎士たちが、この階段を上り下りしていたのかと思うと、歴史を感じる。同時に、日本も京都御所や昔のままのお城を結婚式場にしたら受けるんじゃないかなとも思う。

階段を上がると広い廊下が伸びていて、すぐ右手に蔦を浮き彫りにした観音開きの重厚な扉があり、中に入ると三〇〇平米はありそうな大広間だった。この大広間で結婚式を執り行うらしい。古い館独特の、五メートルはありそうな高い天井、壁には細長く上部が半円形をしたステンドグ

ラスの窓が並ぶ。

出席者の前方少し離れたところに席が四つあり、亜貴さん、トモ、ウカシュ君、観禅さんが座っている。

新婦の父親ということで、一番前の席に案内された。横を見たらカミさんが座っている。並んで座るのも久しぶりだなあ、と思っていたら首から大仰な金属製の飾りをぶら下げ、中世ヨーロッパ風の衣装をまとった中年の男が出てきた。こ奴が結婚式の進行をするらしい。

カトリックの司祭によく似た衣装だったので、亭主が坊主ジュニアなのにキリスト教式かい、と驚いたが、十字を切るわけでもなく、なにやらポーランド語でごちゃごちゃ挨拶する。あとでトモに聞いたら、中年男の本職はポズナン市市役所民生部儀典課の課長で、無宗教で結婚式をあげたいという不信心者のために司式者を務めるのだそうだ。

九〇パーセント以上が熱心なカトリック信者と思っていたが、考えてみたら第二次大戦後の四〇年、ポーランドはソ連の属国で宗教は阿片だと喝破したマルクス大先生の影響下にあったのだから、無宗教の冠婚葬祭があっても不思議じゃない。

旧領主館大広間の結婚式場

儀典課長は挨拶を終えてから、ウカシュ君、トモの順になにやら話しかけ始めた。ふたりとも神妙な顔で答えている。多分、汝はこの女（男）と生涯の伴侶にするのかと、セレモニーには付き物の問いかけをしているのだろう。

それにしては長い。なんだかんだと聞き、ふたりはなにやら誓いの言葉らしきことを、それぞれ答えている。これまた後で聞いたことだが、誓いの言葉は決まっており、一言一句、もちろんポーランド語でまちがえずに言わなくちゃいけないらしい。まちがえたままだと、この結婚は認められない、となるそうだ。なにごとにもアバウトなトモが、

「あのときは緊張したよ」

と言っていた。

ようやく終わったら、ウカシュ君がトモのヴェールをあげてキスした。このシーンになると、父親として照れるのじゃないかと実は心配していたのだが、意外となんでもなく済んだ。日本人の心情をよく知っているウカシュ君がバード・キスで済ませたからかもしれない。カミさんと同室で寝る、トモのキス、いずれも「案ずるより産むが易し」だったなとホッとする。

そのあと、書見台に開かれている羊皮紙で装丁された縦一メートル、横五〇センチ、厚さ一五センチはある巨大な記帳書を儀典課長が開く。指示された場所にふたりがサインし、付添人もサインしている。この館で結婚式を挙げたものは誰もがサインとひとことを記帳するという、一八世紀ごろからの習わしだそうだ。

披露宴で

「日本人の名前はあるのかい?」
とトモに聞いたら、どうだろうねえ、と本人も首をひねっていた。

秀才美女ふたりにはさまれた青年

一見、淡々と進んだ結婚式だったが、ここまでこぎつけるのにウカシュ君はけっこう苦労したようだ。シュプナル家は、言うまでもなく熱心なカトリック教徒である。それなのに、長男でひとり息子はなにを思ったのか、ブディズムに傾倒してしまった。

得度しているウカシュ君としては、当然、仏教式の結婚式をあげたかったろうに、カトリックである己が一族、プロテスタント牧師の孫であるトモの一族に遠慮したのか、無宗教での結婚式にしたのだ。

それでも、子どものころからウカシュ君をかわいがっていたシュプナル家の祖父母は、カトリックでの結婚式ではないからと列席しなかった。にこにこしている坊主ジュニアの悩みは大きかっただろう。そんなこんなを考えると、ひとり息子が見も知らぬ東洋娘と結婚することを許し、あまつさえ、無宗教での結婚式にも反対しなかったウカシュ君の親父さんであるアンソニ・ホプキンスとお母さんの度量の大きさを改めて感じいる。

ホール後ろのほうで、ポン、ポンとにぎやかな音がする。振り向いたら、中世風の衣装を着た女の子たちが数人いて、シャンパンの栓を盛大に抜いている。彼女たちはアルバイトの女子大生と聞いた。

女の子たちがグラスを配り始めると、正は、ちょうど喉が乾いたところだった、と眼を細める。みんなグラスを持っているのに、なぜかアガタさんだけは持っていない。すぐ、

「『グラス』ヲ持ッテ来テネ」

とそばにいた女の子に頼む。なにが不満なのか、女の子はじろりとこちらを睨んで、それでもシャンパングラスを持ってくる。ポーランドの女子大生ってのは、日本と違ってエリート意識が強いのか、たまたま、阿呆な女の子に頼んだのか、どちらかだろう。

シャンパンを注がせて、アガタさんと乾杯して話しこんでいると、トモがそばに来て、

「娘より美人かよ」

と父親をからかう。あっと気づいて、トモと乾杯し吉留や正ともグラスを合わせる。

左マルタさん、右アガタさんと秀才美女二人に囲まれ緊張している青年

ウカシュ君とトモは、ポーランド人、日本人の出席者に祝福され、ついでに通訳させられている。ひとり娘が結婚、それも遠い異国の地で異国の男とするシチュエーションだから、新婦の父親は号泣するに決まっている。いいか、君の結婚式では二〇年ぶりに嘘泣きするぞと脅かしておい

たが、少しは緊張していたのか、すっかり忘れていた。いまだに残念である。

この結婚式でおかしかったのは、マルタさんと同伴の青年、アガタさんの三人が並んで座っている光景だった。

欧米らしく、通常はカップルで出席する冠婚葬祭だから、マルタさんは結婚式用ボーイフレンドを連れてきていた。その青年は日本語学科ではないがポズナン大学の学生で、学内でも有名な秀才美女のふたりが、ライバル関係にあることはもちろん知っている。

右隣にマルタさん、左隣にアガタさんとはさまれ、緊張のあまり眼が泳いでいる。両方から話しかけられては、耳たぶまで赤くして一所懸命にあたりさわりなく答えているらしきところが初々しい。青年は、まさかこんな地獄に突き落とされるとは知らなかっただろうなと同情しながらも、つい、笑ってしまう。

『聖ヤンの市場』での見世物

一段落したところで、『聖ヤンの市場』でごったがえしている旧市庁舎前広場に出る。全員そろって記念撮影するとかで並ばされる。横にカミさんが立っていても、特にどきどきしない。何枚か撮られたあと、異国の地だからか、あるいは慣れたのか、どっちかなあとぼんやり考えていたら、吉留が、

「トモちゃんと並べよ」

と言う。

なにかトモがしでかしそうで、

「あとでいいよ」

と答えたが、右の二の腕をがしっとトモにつかまれる。あ、やっぱりと思ったと同時に、左腕がカミさんにつかまれた。吉留だけではなく、出席者誰もがフラッシュをたく。あげくのはてに、ウエディングドレスの娘と着物のカミさんとにはさまれていたためか、野次馬まで勝手にカメラやビデオを撮影している。

脇の下に冷や汗が流れる。また、何枚か撮られたところで、

「もう、そろそろいいんじゃないの」

と吉留に言ったら、

「娘と腕を組むのがそんなに嫌か」

とトモが耳元に顔を寄せ小声でからかう。

「そんなことないよ」

と口答えしたら、

「一歩でも逃げたら、泣きながら抱きつくぞ」

と、もっと小声でささやく。父親は嘘泣きする余裕なんてなかったが、娘にはあったようだ。

初々しさはないのかと言いかけて、変に刺激しちゃいかんと、とりあえず直立不動で見世物になっていたら、

「お幸せそうなご家族ですこと」

と反岡夫人から声をかけられる。心のなかで、はい、はい、その通りです、と返事しながらぎこちない笑顔だけを返す。

アガタさんが近づいてくる。緊張をほぐすには美人が一番と、

「これから近くのレストランでウエディング・パーティだよ」

と話かけたら、

「申し訳ないが出席できません。シュテチンの実家に帰ります」

と言う。理由を聞いたら、一昨日、彼女のおじいさんが亡くなって、今日の夕方からお葬式とのことだった。びっくりして、

「そんなときに街を案内させて申し訳なかった、ごめんね」

と謝る。いえいえと手を振ったアガタさんは、

「こんなときだから悲しさをまぎらわせることができました、ありがとうございます、また、朋子さんのご結婚、おめでとうございます」

と健気にもいじらしく小声で答える。

宴の前に、ひとり市場の喧噪のなかを帰って行く健気でいじらしい美人を見送りながら、しばし思うところがある。

一卵性双生児みたいな親娘

また右腕がつかまれた。振り返るとトモが、唇をとじたまま両端を上にあげて、ニッと笑うお

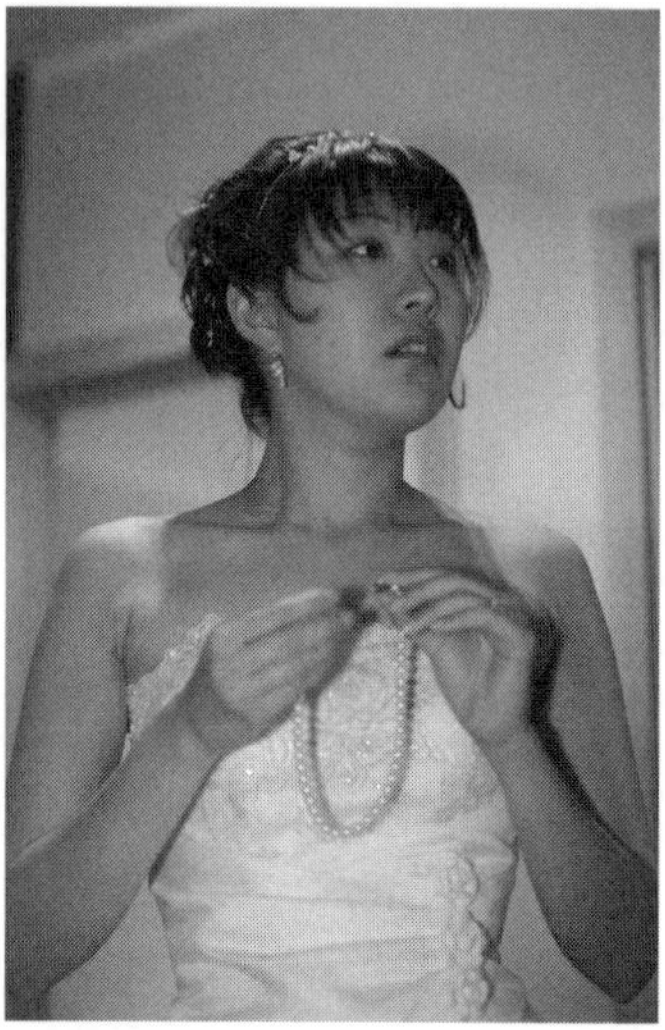

祖母からもらった真珠のネックレス

得意の作り笑いを浮かべている。

無邪気そうな作り笑顔に騙された男は多いのだろうなと見ていたら、そのまま休憩所のようなところに連れ込まれる。結婚式でつけていた真珠のネックレスやヴェールなどを預かれという。

この真珠のネックレスには思い出がある。

大学五年の時、ともに卒業延期となったクラスメイトの女の子は神戸の真珠屋の娘だった。貧乏牧師の女房の癖に、宝石類が好きだった母親が当時の価格で一〇万だったか二〇万だったかで真珠のネックレスを買うという。そこで真珠屋娘に、

「適当にみつくろってよ」

と頼んだところ、鳥羽の自社養殖場にまで行って選んでくれたものだった。さほど大きな玉ではなかったが、「厚巻き」とかで色合いは素人目にも深く、母親は上機嫌だった。長く愛用していたが、トモがいつのまにかもらっていたらしい。

受け取ってバッグにしまっていると、トモは短いボレロを着こみ始めた。少し気温が下がってきたようだ。

ストラップレスのウエディングドレスだけに、胸回りがぴったりしていて、脇の下から無駄肉

が少しはみだしている。肥ったなあ、と言いかけて、口をつぐむ。親娘でも言っていいこと、悪いことがある。

ボレロを着たトモが、

「デブったたって思ってんだろ」

と横目でにらむ。昔、トモを見て、一卵性双生児みたいな親娘だねえ、と言ったひとがいた。父親が考えていることなんて、とっくにお見通しなのだろう。いやいや、そんなことは、などと言い訳しながら、頼まれた荷物をかかえ後ずさりする。

商都ポズナンのはしっこい商売人

にぎやかにしゃべっている日本人の集団に入って行くと、ウカシュ君のご両親がいない。

「どうしたの?」

と吉留に聞いたら、

「車で来た連中と、結婚式に集まった花束やプレゼントをパーティ会場に運んで行った」

と言う。

なかなか帰ってこないので、場所を教えてもらったレストランまで、様子をさぐりに歩いて行く。旧市庁舎前の広場出口のところで立ち止まり、あたりを見回していると、黒いドーベルマンを連れた老人と眼が合った。そのまま横をすれ違おうと近付いたとき、すえた臭いが広がる。一時期、新宿駅地下街に多くいたホームレスの横を通ったときと同じ臭いだった。

思わず顔をそむけたら、えらい勢いで怒鳴られた。失礼な振る舞いをしたと反省する。老人は、不愉快そうに、まだなにかつぶやきながら立ち去る。ドーベルマンが尻尾をゆっくり振りながら、その後ろをついて行く。

レストランに行く途中、オープンカフェが何軒もある。そのうち一軒で、亜貴さんがポーランド人の友人とビールを呑んでいた。新婦の父親がひとりでぶらぶらしているように見えたのか、席を立って、ご一緒しましょ、とレストランまで案内してくれる。

ほどなく、みんなもやってきて席に着く。あまり広いレストランではなく、かなり窮屈だ。京の町屋のような鰻の寝床で、間口は狭く奥に深い。

椅子とテーブルが詰めて二列並べられた奥は厨房に続くバーカウンター、その横にダンスフロアがある。そこを抜けて裏庭に出るといくつか椅子を並べたウッドデッキとなっていて、片隅に喫煙所がある。

日本のように仲人や司会者はいない。ウカシュ君とトモのふたりでポーランド語と日本語で挨拶し、まずは乾杯となる。

料理が次々に出てきた。少しずつ食べ散らかしたが、けたたましく旨いのもあれば、なんじゃこりゃ、という皿もあった。ポーランド料理は、口に合うか合わないかがずいぶんはっきりしている。驚いたことに、握り鮨まで出てきた。ポズナン唯一の日本料理屋からの仕出しだという。

「日本人居住者は数十人なのに、日本料理屋がなんであるんだ」

とトモに聞く。

「ポズナン近郊にはブリヂストン、シャープ、リコーなどの日系企業が多く進出していて、本社のお偉いさんもよく来るから、彼らのための日本料理屋だよ」

と答える。

もちろんポーランド人の客もいて、けっこう繁盛しているらしい。商都でもあるポズナンだけに、ハンザ商人の血を引くはしっこい奴はいるようだ。

魅力的だった男ざかりの大和男子ふたり

このパーティでは、いくつかの事柄が強く印象に残った。

まずは、トモの勤務するブリヂストン・ポーランドのふたりの社長である。社長ふたりというのは、ポズナンとスタルガルトにあるタイヤ工場が、それぞれブリヂストン・ヨーロッパの独立子会社となっているからだ。

ふたりとも、一見、典型的な日本のサラリーマンのおっさんである。足を組んだら、短い靴下から毛脛丸出しで、そんなことはまったく気にもせず、豪快に呑みかつ食らう。おやじギャグをとばしながら、ガハハと高笑いしている。ま、今どきの女の子からは、そんなにもてるタイプとは言い難いだろう。

ところが、ちょっと注意して見ていると、神経を隅々まで払っていることがわかる。とくにスタルガルトの長尾社長は、単身赴任のため夫人ではなくポーランド人総務課員の女子社員を連れてきていたが、彼女にさりげなくワインや料理をすすめている。トモに話しかけたときには、必

ず彼女にも話かけて、

「副田さん、おらあ、ポーランド語があんまり上手くねえんだ。ちょっと通訳してくんないかなあ」

とトモの仕事仲間でもある彼女を会話の中に引っ張り込む。知人のいないパーティで、部下を退屈させないよう気をつかっているのだ。

本社に帰れば部長級だろうが、こういった男ざかりの大和男子たちが野戦部隊長として、地球の隅々で日本製品を作りまくり、売りまくっているのだろう。同じ日本人として、ちょっと嬉しくなる。

トモがそばに来て、

「社長ってさ、ふたりともなかなかでしょ」

と言う。笑ってうなずき返しながら、ウカシュ君を亭主に選ぶところも含めて、男を見る眼が少しは成長したかなと娘を見直す。

見直していたら、トモがニコッと笑って、いっしょにおいでと、ネクタイを引っ張り奥へ連れて行く。ダンスフロアを見たら、ポーランド人出席者が輪を作っている。ポーランドの結婚パーティでは、新婦と真っ先に踊る名誉は新婦の父親に与えられるらしい。

ポーランドでは名誉かもしれぬが、娘と踊るなんて、日本人にしてみりゃ照れくさいことはなはだしい。で、反射的に逃げようとしたが、ネクタイを引っ張られたまま、中央に出される。こうなったら、トモに恥をかかすわけにはいかない。覚悟をきめて踊る。

「体が硬い、緊張するな、腰が引けてる」

と、トモが耳元で矢継ぎ早に注文をささやく。腕を組んで写真を撮られたときは脇の下だけだったが、背中まで冷や汗が流れていく。

ようやく一曲終わり、ウカシュ君にトモを押しつけると、今度はカミさんが出てくる。一難去ってまた一難であるが、トモと違って、逃げ出したらそれこそ洒落にならない。もうこうなったら怖かねえぞ、どうでもいいやと踊りだす。

トモと同じように、なにか注文しているようだが、それを聞きとる心の余裕もなく、ぎくしゃくステップを踏むばかりだった。続いてがばっとウカシュ君のお母さんから抱きしめられる。なにがなんだかわからないまま、愛想笑いを浮かべながらウカシュお母さんとも自己流ステップを踏む。

緊張のあまりか記憶はとんでいるが、カミさんの着物の樟脳のにおいははっきりおぼえている。嗅覚の訴求力というものは、暴力的なものがあるようだ。時間にしてわずか五分足らずだったが、三人と踊り終わった後は、膝が笑って力が入らない。冷や汗をたっぷり流したせいか、口の中がかわいている。

バーカウンターでオレンジジュースを注文し、裏庭に出る。大きなパラソルが数本立てられていて、喫煙所となっている。木の椅子にクッションを置いただけだが、たいそう座り心地のよい椅子に腰かけ、煙草を吸う。うまい。煙草がうまいときは滅多にないから、座りなおして二本目に火をつける。

吉留とパウリナお母さんが笑いながら出てきた。ふたりで煙草を吸いに来たのだろう。なにごとか、英語で楽しそうに話しこんでいる。

新婦父親への絶妙なサービス

室内からは、アップテンポの曲が流れだした。

老人バージョンのダンス曲が終わって、若者バージョンに切り替えたらしい。窓越しに見える亜貴さんの踊りが巧い。アップテンポの曲に、しなやかな四肢がからみついていくようだ。さすが大学時代はダンス部にいただけのことはある。

曲がスローに変わる。知人らしいポーランド青年と踊り始めた亜貴さんは、付かず離れず絶妙の距離感を保ったまま、楽しそうに踊っている。小柄な亜貴さんが一メートル九〇センチはありそうな大男をリードして踊っている姿はなかなかのものだった。

ＢＯＳＳディープレッドの香りがする。振り返ると、シャンパングラスを持ったマルタさんがいた。けっこう呑んでいるのか、広く開けた胸元の白い肌が淡く染まっている。

「どうしたの？」

と聞くと、

「踊りませんか」

と誘われる。

「ボーイフレンドが居るだろうよ」

と答えると、

「亜貴ちゃんと踊っている」

とグラスで指す。横顔を見ると、大男はたしかに先刻まで、マルタさんとアガタさんに挟まれ緊張しまくっていた青年だった。

「こんなじじいを誘わず、若い男の子を誘いなよ」

と言うと、

「奥さまに叱られますか」

とからかわれた。考えもしなかった返事にちょっとびっくりしていたら、あとでまた、とマルタさんは室内に戻っていく。

ポーランドでは花束ではなく、新婦はヴェールを後ろ向きで放り投げる。そのヴェールを手にした女の子が次の花嫁になるのと同じで、新婦の父親と踊ったら結婚が早くなるという言い伝えでもあるのかしらんと思ったが、トモに聞きそびれ、いまだにその意味はわからない。

ポズナン大学日本語学科講師の塚崎厳さんが、ブルネット美女のガールフレンドを連れて挨拶に来た。美女はもうすぐ北京大学に留学するという。思わず日本語で、

「きれいなひとだなぁ」

と口走る。中国語学科の美女は、日本語を解せずニコニコしている。厳さんが、ポーランド語に訳すと、さかんに照れていた。厳さんがカメラを構えて、

「記念に、美女とのツウ・ショットはいかがですか」

と言う。日本語は話さないはずなのに、雰囲気で察したのか、ニコッと笑って小柄な体がするりと脇に忍び込んでくる。いつのまにか美女の肩に手がまわっていて驚く。驚いているうちに撮り終わり、美女はまたするりと離れる。新婦の父親に対する絶妙、かつ最大のサービスだなと感心する。

美女と片言の英語で話していると、いかにも遊び人のように見える男がいきなり

「コングラチュレーション！」

と叫びながら抱きついてきた。男のくせに、やたら頰をこすりつけてくる。そういえば、結婚式の後、アンソニ・ホプキンスそっくりなウカシュ君の父親、その他親戚連中も、頰をゴリゴリこすりつけながら挨拶してきた。みんなヒゲをきれいに剃っているが、それでも、イブニング・シャドウでけっこう痛い。束子でこすられているようなものだ。無精髭で頰ずりされたら、女の子は感じちゃうという官能小説を読んだことがあるが、ありゃ男の妄想だなと気付く。

聞き取りやすい英語で遊び人が、

「『ライター』ト『エディター』ヲシテイルノカ」

と聞くから、

「ソウダ、アンタハナニヲシテイルンダ」

と聞き返すと、キュレーターとのことだった。くわしく聞くと、ポーランドの現代美術を世界各国の美術館に売り込むことをしているらしい。

「ソウカ、ダケド残念ナガラ現代美術ハサッパリワカラン、抽象画ナンテ絵具ノ散乱トシカ見

「エナイ」

と言うと、うなずきながら、

「ソレデイインダヨ、イズレナニカ感ジル作品ニ出会ウ、俺ハソノ手伝イヲシテイルンダ」

と、大要そんなことを肩に手をかけながら答える。なかなか気持ちの良い男だった。日本にも行ったことがあるとかで、すっかり打ち解け、横にいたカメラマンに、新婦の父親と俺はベストフレンドになったと騒いでいる。ずっと後になって、こ奴が亜貴さんの亭主とわかった。女にモテるだろうな、亜貴さん、けっこう苦労しているんだろうなと思う。

言語、国境の壁を突き破るズブロッカ

ひとしきり、裏庭で騒いでから室内に戻ると、ウカシュ君の親族が、小鳥のさえずりのようにリフレインの多い唄を歌っている。トモに聞いたら花婿・花嫁讃歌みたいなもので、ポーランドの伝統的祝い唄だそうだ。

意味はわからないが、みんな実に楽しそうだ。呑みかつ食らいそして歌う、一昔前の日本の宴会の定番が、ポーランドに生きていたようで嬉しくなる。祝い唄を聴いていたら、少々の対抗心が生まれてきた。なんぞ一曲、日本の祝い唄をお返ししようと思うが、良い唄が思い浮かばない。

ふっと、炭坑節を思いついた。

トモに、ポーランド語で伝えてくれと頼んで、列席者に簡単なスピーチをかました。

「娘が勤務しているブリヂストンは九州・久留米が発祥の地だし、我が家も、今でこそ母親か

ら兄姉まで東京だが、子ども時代は全員北九州の小倉、博多、最後は上穂波という炭鉱町育ちだ。炭鉱の祝い唄とくれば、炭坑節と決まっている。そこで、我ら日本人出席者一同で日本の祝い唄・炭坑節を一節ご披露する、お聴き願いたい」

と締めた。吉留はスピーチのため立ちあがったところから、おっ、と少し驚いた顔をしていたが、すぐに立つ。ブリヂストンの社長ふたりも大喜びで立ちあがる。

月が出た出た、月が出た……、と手拍子をとりながら調子っぱずれの炭坑節を歌う。妙なところで対抗心がわき出たものだ。歌い終わるとポーランド陣から大拍手をもらったが彼奴ら、今度は、ラブ・バラードらしき歌を披露してくる。日波歌合戦でもないが、引きさがるわけにはいかない。さすがにこれには対抗できないから、吉留に眼で行ってくれと頼む。

カラオケで鍛え上げた吉留の故郷民謡「薩摩恋唄」は素晴らしく、席を立って歩きはじめ、ポーランド人出席者の眼をひとりひとり見つめながら、あるときは囁くように、サビにきたら朗々と歌いあげるパフォーマンスを見せる。こんなときは、芸達者な友人がいると助かる。酒席の座興ときたら、吉留にかなうものはいない。三〇代から五〇代まで、漫画家、劇画家、劇画原作者、作家を新宿、銀座でアテンドしていた実力を遺憾なく発揮する。

驚いたことに、歌い終わった吉留はズブロッカを水のように呷りながら、ウカシュ君の義理の叔父さんであるポーランド人のおっさんと、日本語とポーランド語で話しこんでいる。おまえは歌がうまいなあ、いやいや、あんたこそ、なんてことを言い合っているようだが、もちろん内容はわからない。酔っ払い同士は、アルコール語という共通言語があるのだろう。

酒席ではとにかく騒ぎまわり、いつも笑いの渦の中心にいる眞也が、この席では静かだった。酒もほとんど口にしていない。ちょっと気になる。そばに行って、

「大丈夫かい」

と聞くと、手を振りながら、

「いやあ、気にしないでくれ」

と答えるが、どうも元気がない。時刻も八時を回っている。荊子さんに、

「先に帰って眞也を休ませてください」

と頼む。

「なんだか悪いわね」

と言いながらも、荊子さんも心配していたらしく席を立つ。

外はパウリナお母さんの予言通り、小雨になっていた。

タクシーを呼ぶが、店員の連絡に行き違いがあったらしく、なかなか来ない。眞也は外で待っている。一緒に待っていると、

「ヨーロッパは何回か来たが、この国はいいな」

と言う。どこがいいの、とたずねたら、騒いでいる連中を見ながら、

「俺が学生時代の日本と日本人によく似ているからだよ」

と答える。眞也の学生時代といえば、六〇年安保のころだ。ポーランドの大卒初任給は二〜三万円と聞いた。物価からも、当時の日本と似たようなものだ。体調が悪いのに、見るところは見

ているんだなと、ちょっと感心する。

ポーランドの結婚パーティはエンドレス

眞也、荊子さん、浄子が先にホテルへ帰る。ついで、スタルガルトまで帰るからお先に失礼と、長尾社長が部下のお嬢ちゃんと席を立つ。

長尾社長は、彼女の腰にさりげなく右手を回し、左手でドアを開く。右手とお嬢ちゃんとの距離感が抜群で、触れるか触れないか、すれすれの位置だった。こんなところにも、トモの言う『なかなか』ぶりが発揮されているようだ。

新婦ではあるが、勤務先社長のお帰りである。トモは、みんなの横をすりぬけて飛び出し、さっとタクシーのドアを開けて最敬礼で見送る。

新婦がそんなことしなくてもよいのに、といった顔でウカシュ君の親戚がこちらを見ていた。これが日本流なんですと言おうかと思ったが、ポーランド語はからきしなので、とりあえずジャパニーズ・スマイルで答えておこうと、ニッとほほ笑む。

反岡社長ご夫妻お帰りの時も同様で、小雨の中、トモは最敬礼で送り出す。

我々もそろそろと、タクシーを呼ぶ。マルタさんが、もう帰っちゃうのと首をかしげ、寂しいよと泣き真似している。ずいぶん呑んだようだ。

九時を回っている。この時間、日本の披露宴だったらふつうお開きで、あとは若い連中だけの二次会だろう。あとでウカシュ君から聞いたところによると、ポーランドの結婚パーティはエン

第三章

炭坑節でポーランド伝統的祝い唄に対抗したこと

6月6日（土）

ドレスだそうだ。ご両親や親戚のおっさん、おばはんが帰ったのは二時！　若い連中は早朝五時ころまで騒いでいたそうだ。おそるべきポーリッシュのエネルギーではある。

帰りのタクシーのなかで、横にいた吉留が膝を軽くたたく。

「どうしたの」

と声をかけると、

「あんたも娘を持った父親らしいところがあるんだね」

としみじみ言う。

「そんなところがあったっけ」

と聞き返したら、

「さっきの炭坑節だよ」

と答える。

「人前で歌を歌うなんて信じられない、三五年付き合ってきて、あんたの歌をはじめて聴いた」

と感心している。

「この人は、娘のためなら裸踊りだってするでしょうよ」

と前の席のカミさんからからかわれるが、フフッと笑ってごまかす。

ホテルへ帰りついたら、正が吉留に寝酒でもと誘う。まだ呑むのかいと思ったが、宴の後はなんとなく人恋しくなる。着替えてから、正の部屋に集合となった。酒さえあれば、日本人のエネルギーも捨てたものじゃない。

呑みはじめたら、パーティでのズブロッカが効いてきたのか、吉留が「愛とはなんぞや」という小難しい話をしはじめた。

この男、編集者として申し分のない能力を持ち、今は外務省国際漫画賞審査委員を務めている。更に気配りができて男気があり、年長者は立てるという気持ちのよい奴なのだが、唯一の欠点が酔うと「愛とは……」とか「女性とは……」といった面倒な話をはじめる癖だ。六十路を越えて、愛と言われても答えようがない。へらへら笑っているしかない。

吉留は、

「ポーランドに来てはじめて愛を感じる女性に会った」

と言う。

「いったい誰ですかい」

と聞くと、

「パウリナ・シュテチさんのお母さんだ」

と答える。へっ？　と思わず姿勢を正す。パウリナお母さんは、身長一八〇センチ、体重は一〇〇キロという豊満な女性だ。年齢も、おそらく五〇代だろう。どうしてもぴんとこない。

確かにパーティの時、裏庭喫煙所でずいぶん親しげに話はしていたが、そんな短時間でパウリナお母さんのどこが吉留の琴線に触れたのかわからない。

「愛っていうのは、人間に対する愛情で、一般的にいうところの女性として愛情を感じるということではないよね」

と念のため尋ねてみる。吉留は、つまらないことを聞くなと言わんばかりに、

「女性として魅力的であり愛情を感じた」

と言う。あまりのことに、どう反応してよいのかもわからない。正、つや子さん、カミさん、みんな毒気を抜かれたような顔をしている。

濃い水割りを呑みながら、吉留はパウリナお母さんがいかに女性として魅力的であり、かつ愛情あふれたすばらしい人かを話し始める。三五年間付き合ってきたから、酒席での戯れ話かどうかはすぐわかる。うーむとうなるしかない。

酒に酔わず人に酔う

正も、吉留が真面目に話していることはわかったらしい。どうしてそんなに魅力的だったのかを聞き始めた。

正は一〇年前、下部咽頭がんという、いちばん厄介ながんにかかった。その上ステージ4とかなり進行していて、

「三年どころか一年生存率もかぎりなくゼロに近い、回復はまず無理だろう」

と主治医から聞いた。従兄の精神科医河合洋に相談すると、顔の広さと押しの強さで、強引に東京女子医大、がんセンターから名医を選りすぐり、さらに日大駿河台病院の食道がんの専門医を主治医とした医師団を結成してくれた。おかげで、正は一八時間におよぶ大手術にも耐え、無事生還した。

ただ、声帯すべてを失ったため、声が聞き取りにくい。ところが、酒が適量入ると、なぜか聞き取りやすくなる。本人もそれを知っていて、呑むと雄弁になる。

真面目に正が相手するため、吉留は我が意を得たりと話し始める。この男も素面のときはくぐもった声で話すから、とくに電話では聞き取りにくいことおびただしいのに、酒を呑むと言語明瞭となるのがおかしい。もうひとつ付け加えると、言語は明瞭になっても意味不明となることが多いから、結局はいつでもなにを言っているのか、理解するのに一苦労することになる。

吉留は、愛情論、女性論を滔々と語る。若干、独りよがりな部分もあるが、それなりに説得力がある。この男のすばらしいところは自分の女房、つまりつや子さんの前でも、なんら臆するところなく愛情論、女性論を主張できるところだ。羨ましいかぎりではある。

長い時間をかけて、そんな良い夫婦関係を築き上げてきたんだなと、この点では見直すことが多い。力説している最中、率直に本人にその旨を伝えたら、話の腰を折るなと叱られた。お怒りごもっともと、黙って拝聴しながら今日一日のできごとをぼんやり考える。

一滴の酒も呑まないのになんとなく酔っぱらったような心地がして、ふと気付いた。結婚式でポーランド式の挨拶を繰り返すうち、少なくとも男女あわせて二〇人以上と顔の肌を合わせ、肩や腰を抱いている！

物心ついてから、一日でこんなに多数のひとと触れあった経験はない。ふだんだったら居心地の悪い思いをするところだが、娘の結婚式ということで昂揚していたのだろうか。吉留や正は酒に酔っていたが、こちらは人間に酔っていたようだ。慣れないことをすると、平常心を失うことがよくわかった。

いつの間にか、正はグラスを持ったまま気絶している。吉留の独演会もお開きとなった。ただ、旅行中、夜になったら、正と吉留がどこからかウイスキーとアイスバケツを持ち込んでいて、ニヤッと笑うのを合図に呑むようになった。

クラコフからは、体調を崩していた眞也も参加するようになり、ポーランド各地からオーストリア・ウイーンまで、すこぶる愉快かつ濃密な一刻を、兄姉や友人と共有できたのは望外の喜びではあった。

第四章

座って小用を足し股間を縮みあがらせたこと

六月七日（日）

馬車文化の欧州と駕籠かき文化の日本

　昨夜は、シャワーを浴びただけでベッドに潜り込み、睡眠薬も服まずそのまま気絶した。なんのかのといっても、トモの結婚式で緊張していたのだろう。早く眠ったため、目覚めたのは五時三〇分だった。ゴルフに行く時の時間帯だなと、可笑しくなる。昨日苦戦したおかげで要領はわかっていたから、紅茶をいれてゆっくり飲み、朝の散歩に出かける。

　ホテルの前の通りには、路上駐車の車がずらりと並んでいる。想像していたより日本車はずっと少ない。逆にチェコのシュコダがめだった。全長にくらべ全幅が広いため、なんとなく丸っこい愛嬌のあるフォルムだ。あとはばらばらで、ルノー、プジョー、フィアット、VW、ボルボなどがあり、タクシーであんなに多かったメルセデスは一台もない。日本車はトヨタ・スターレットが端っこのほうに一台停まっているきりだ。トモが多いと言っていたマイクラ（ニッサン・マーチ）は見当たらなかった。
欧州はマニュアルが多いと聞いてはいたが、運転席をのぞきこんで見たかぎり、すべてマニュアルだったことには少し驚く。

マニュアルが多いのは、ガソリン代を節約するためだと聞いていたが、どうもそれだけじゃなさそうだ。何人かのポーランド人に尋ねたところ、

「『オートマ』ハ、ドコカニスットンデ行キソウデ怖イ」

と言う。続けて、

「自動車ヲ運転スルトイウコトハ、『ハンドル』操作ト同ジヨウニ、自分デ『ギア』ヲ選ブコトダ。『ハンドル』ハ機械ニ任セナイダロ？」

と反問されると、そうだねとうなずくしかない。馬車文化の欧州と、駕籠かき文化の日本との違いだなと納得する。

じゃ、日本と同様オートマ全盛のアメリカはどうなんだとも思うが、あの国は進化論を認めない連中がいるくらいだから、当方の貧しい文化人類学的知識では理解不能とあきらめる。

ホテルに帰り、トイレにかけこむ。寝起きに済ませたはずだったが、寒かったせいか年のためか、トイレが近くなっている。小用だが、座って用を足す。

もうずいぶん前になるが、取材で衛生機器メーカーに行き、特殊カ

チェコ産のシュコダ（©Photobeppus）

メラで撮影した、立って用を足す男性がまき散らす飛沫の多さに驚いたことがある。それほど清潔好きではないが、あの映像を見たら、とてもじゃないが立って用を足す気にはならない。

仕事仲間の女性たちと、なにかのきっかけでトイレ掃除の話になり、

「立ってするってのは、汚ねえな」

といったところ、なにを今さらと誰からもせせら笑われた。

トイレ掃除をする女性たちは、その汚さをよく知っているから、当然恋人または亭主に文句を言う。座ってしろと言うと、ほとんどの男たちは、プライドを傷つけられたかのように逆上するそうだ。立ちションが男のプライドとは、またずいぶん安っぽいプライドだな、とは思ったが、彼女たちがそれくらいしようがないと我慢しているのなら、余計なことをいう必要はない。

なに、男のプライドだなんて御託をならべていても、六〇過ぎともなればしまりが悪くなる。立って用を足し終え、パンツの中にしまってからちょろっと漏らすようになり、座らざるを得なくなる。座って、充分に出し尽くしてから立たないと、薄い色のズボンをはいていたときなど、みごとに滲みが浮かび上がり大恥をかくようになりゃわかる。

くわしくは説明しなかったが大要そんなことを話したあと、彼女たちに、

「もう少しの辛抱だよ」

と言うと、

「そんなものなの」

と、首をかしげていた。男と女のあいだには、こんなささいなことでも、充分な理解が得られ

ないことがあるようだ。

力技を発揮する中欧トイレ事情

そんなよしなしごとを思い出しつつ、座ったままコックをひねる。

下半身の一点に強烈な水流がかかり、思わず、うっと声が出て腰を浮かす。一昨日、昨日、そして今朝一番にもおなじ失敗をしたのに、トイレの中という閉鎖的空間のためか、自分が異国にいることを忘れ、つい日常的な行動をとってしまう良い例である。トイレットペーパーで一物を拭く。誤解を招かぬよう一言付けくわえておくと、我が一物はごくごく平均的である、かわいそうに、所有者の不注意で冷水を連日浴びせかけられ縮みあがっている。

ポーランドでは、ポズナン、ワルシャワ、クラコフと、どこのホテルでもトイレの水流が強烈だった。オーストリア、ウイーンのホテルでもゴウッという音とともに、水が迸る。トモに聞いてみたところ、①中欧、東欧の連中の食事量はハンパじゃない、②食事量が多ければ、当然出す量も多くなる、③その巨大排出物を詰まることなく押し流すために水流は激しくならざるを得ない、と理路整然たる説明をしてくれた。

「でも、食事量では中欧、東欧の連中とヒケをとらないアメリカやオーストラリアではこんなことはなかった」

と口答えをしてみる。トモはうなずきながら、

「そこが先進国と中欧、東欧の違いなんだ」

ポーランド風巨大サンドイッチ（©Zapiekanka）

と答える。日本には世界に冠たるＴＯＴＯがあり、ウオシュレットだの温便座だのと便器では世界一だが、アメリカやオーストラリアもそれなりに進歩していて、水量で流すという力技ではなく、比較的少量の水で巨大排泄物を流すノウハウがある。残念なことに、中欧、東欧ではそこまで洗練されていなくて、排泄物が巨大なら、大量の水で流せということになったようだよ、といくぶんぼんやりした答えに変わった。

　この説明が正しいかどうかはわからないが、『力技流出論』は、それなりの説得力があった。昨日の『聖ヤンの市場』で、中にハム、ソーセージ、チーズなどを大量に詰め込んだ長さ五〇センチはあるフランスパンを、コーラのリッター・ボトルで流し込んでいた若者たちを思い出し、なるほどとうなずかされてしまう。

　トイレに関しては、もうひとつ付け加えておきたい。『トイレットペーパーごわごわ伝説』である。欧米、とくに中、東欧訪問記では、トイレットペーパーがごわごわで充分に拭き取りができないと聞いていた。この旅のあいだ、ホテル、レストラン、民家などでトイレを使用したかぎりではあるが、ごわごわのものを使用したおぼえがない。日本での上質パルプ使用トイレットペーパーにはやや劣るが、再生紙使用のものとはほぼ同質のように感じた。

牧師の息子、娘は不信人者ぞろい

中・東欧トイレ事情を考えているうちに、朝食の時間となりレストランに行く。ポーランド人ほどではないが、相も変わらず、眞也をのぞいて一行全員、旺盛な食欲を見せている。あれだけ酒を飲んでいた正、吉留も、アルコール分をすべて分解したらしく、すっきりした顔で巨大なソーセージにかぶりついている。

食後、正によばれる。素面だから声が聞き取りにくい。横の椅子に席を移す。

「旅行に同行できなかったカミさんに土産を買い忘れたから、ちょっとウイッチェンまで付き合え」

と正は言う。

「昨日、アガタさんのアテンドでしこたま買い込んでいたじゃないか」

と聞き返したら、

「ありゃ娘ふたりと長男の嫁の分だ」

と答える。ほんとうに忘れていたのか、カミさんの分は特別によいものを選びたかったから、ゆっくり時間をかけて買いたかったのかはわからない。

「じゃ行こうか、一〇分後にロビーで」

と話していたら、浄子が、

「どこに行くの」

と聞く。事情を説明すると、私も、ということになる。正とふたりきりのつもりだったが、いつのまにか御一行様全員でガイドなしのお出かけということになる。

朝の散歩では気がつかなかったが、街の中は妙に森閑としている。理由はすぐにわかった。日曜日、というよりカトリックの国ポーランドでは安息日だったからだ。

「牧師の息子、娘御一行なのに、なんでそんなことに気付かないかなあ」

とボヤいたら、浄子曰く、

旧ビール工場跡のSC内部（©Radomil）

「不信心者だからだよ」

とのこと、なるほどねと納得する。

商店街は軒並みシャッターを下している。アガタさんがセカンドラインをあつかうと教えてくれたウイッチェン支店も、当然閉店していた。

では昨日覗いたファーストラインの本店に行ってみようと吉留が提案し、衆議一決、ビール工場跡地のショッピングセンターに足をのばす。大型店だけに、安息日ではあるが営業していた。

正が、せっせと買い物をしているあいだ、店員とのやりとりは浄子にまかせて、ショッピングセンター内をふらふら見て歩く。一フロア下のアーケードを歩いていたら、吹き抜けの上階にいた吉留から声をかけられる。

トモから電話があり、結婚式のあと、ウカシュ君の親族アテンドで忙しく空港まで送れないけどごめんね、ホテルには顔を出すよ、とのことだった。吉留は、女三界に家なしというクラシック派だから、それは当然、こちらは適宜行動するから気にしないでくれ、と返事しておいたそうだ。

正の買い物も終わって、そろそろ空港へ行く時間が近づく。

ホテルへ帰ると、気になったのか、トモが親族アテンドはウカシュ君にまかせて早めに来ていた。

カードで勘定をすませる。同じＶＩＳＡなのに、吉留のカードはゴールドでセキュリティが厳しいせいか、暗証番号がなかなか通らない。フロントの青年は顔を真っ赤にしてカードを通すレジスターのあちこちを見ていたが、最後に一発、機械の横っ面を張り倒すと無事通った。大昔、雑音だらけのラジオを殴っていた父親を思い出し可笑しくなる。

トモが携帯電話を貸してくれる。我ら一行のうち、インタナショナルな携帯電話を持っているのは吉留だけだ。

「ワルシャワ、クラコフを回るとき、使える携帯が二台あったほうが便利でしょ」

とトモが言う。ウイーンでトモと落ち合う予定になっていたから、そのとき返すことにして、ありがたく借りる。

ポズナン空港のアラブ人母子

ポズナン空港に、例によって一二〇〜一三〇キロでふっとばすタクシーで行く。

空港内は、到着したときとは大違いで大混雑だった。なんでも、コンピュータがダウンしたとかで、出発予定時刻の電光掲示板は「遅延」がずらりとならんでいる。とにかく、次の予定地ワルシャワまでの便に並ぶ。

すぐそばに、チャドル姿のアラブ系らしき母子連れがいた。一〇歳くらいの娘は、体調が悪いのか額に脂汗を浮かせ、青ざめた顔色で空港の床に直接寝ている。座り込んで膝枕をさせている母親は、娘の髪をそっと撫でているだけだ。時折、袖口で娘の顔の汗をぬぐっている。具合が悪いのなら、空港の医務室に運んでもらえばよいのにと思うが、そうできない事情があるのだろう。空港の係員やグランドスタッフも通りかかるが、なぜか一瞥しただけで話しかけもしない。

医務室に運んで治療が長びいたら、オープンチケットで払い戻しができないからだろうか、いや、無保険で治療費が払えないからかもしれない、などと想像してみるが、母親には、他人を寄せ付けない雰囲気が漂い、声をかけることもできない。

結局、なにもできないまま、ワルシャワ行のLOTは一時間遅れで出発した。ゲートインするとき、もう一度振り返ってみたが、母子はそのまま座り込んでいた。旅の途中でも、帰国してからも、あの母子は忘れ難い。

席が窓際だったので、つや子さんと変わってもらう。つや子さんは窓から外を眺めるのが大好きなのだそうだ。

ジェット機のように高度一万メートルを超えると、もう新幹線だか飛行機だか、なにがなんだかわからなくなるため、さほどの恐怖心は起こらないが、ターボプロップ機の二〜三〇〇〇メートルという中途半端な高さが苦手だ。道路を走る車や樹木、家屋まではっきり見えると、高いところにいることが実感され、なにやら尻に冷たい風が吹くようで居心地が悪いことおびただしい。

LOTに乗り込んでからワルシャワ空港に到着するまでの一時間、尻に冷たい風が吹かないよう、ひたすら眠っていた。娘の結婚式で気が張っていたのが緩んだのか、あるいは慣れぬカミさんとの旅行も三日目となり、気疲れしたせいかもしれない。

到着後のワルシャワ空港での記憶はない。たまたま、タクシー乗り場にワゴン車が一台あり、一行八人のトランクといっしょにホテルまで乗っていったこと、ポズナン同様、車体がびりびり震えるほどの高速で吹っ飛ばしていったことなどが、ぼんやり思い出されるだけだ。

ホテルに到着する。ソ連衛星国時代に建築されたらしく、なんとも無愛想な外観だった。裏口についたせいか、入り口がわからない。日曜日だから、敷地内に建物はあるが人っ子ひとり見当たらない。

ホテルを予約していたカミさんが、だれか係員をさがしてくると、手近の建物のドアを開いてなかに入っていく。どうみてもホテルではなく、オフィスビルだったが、日本の常識では計り知れぬことがある。ともかく任せてみるしかない。

入っていったまではよかったが、ドアがすべて一方通行だった。防犯のためかどうかはわからぬが、建物に入ることはできても、出ることができない。自動的にロックされるらしい。こりゃまたどうして？　と聞きたいところだが、なにか意味があるのだろう。

何枚かのガラス製ドア越しに、カミさんが手足をバタバタさせている。声が聞こえないから、なにを言っているのかわからない。吉留が、照明が消えていてうす暗い室内を覗き込み、

「奥さん、なにか言っているようだよ」

と首をかしげている。日本人御一行がどうしたこうしたと騒いでいたら、ようやくガードマンらしきおっさんが出てきてドアを開けてくれ、ホテルへの通路も教えてくれた。

シンプル・イズ・ザ・ベストを学ぶ

無愛想な外観のホテルは、グロマダという三つ星ホテルだった。ロビーはゆったりしていて、中央には透明アクリル板でかこまれた巨大な円筒がある。その中を上階と地階をつなぐエレベータが上り下りしている。近代的と言えなくもないが、外観と同様、どことなく殺風景な内装だった。チェックインし、トランクを部屋にいれて一息つく。

すぐに、カミさんから昼食を摂ってワルシャワの旧市街を見に行く予定だといわれる。体が急にだるくなる。疲れていて不機嫌になる前兆であることには気づいていたが、逆らうわけにもいかない。

面倒ではあったが、みんなが行くというなら行くべえかと、どこかホテルの近くにレストランはないかと探していたら、旧市街近くに良いレストランがある、そこまで歩こうと連れていかれ

る。二〇分以上も歩かされて、そのレストランに入った。

広場に面したレストランは、小体だが洒落たつくりだった。テーブル席は混んでいたので、庭先のテーブルにつく。眞也は川魚が好きだったことを思い出し、鱒のムニエルとヒラメ、サーモンにオニオンスープを頼む。料理を一口、二口つまむと、喋るのも億劫になってきた。眞也も体調不充分で、ぼんやりしている。このまま旧市街に付き合えと言ったら、無理をしてでも一緒に行くだろう。ここは、あとでカミさんにがなりたてられてもいいやと、

「僕は疲れたからホテルで一休みしたいんだけど、お兄さんはどうする?」

と声をかける。眞也も一眠りしたいとのことで、旧市街観光組と別れて、ふたりでホテルへ帰る。

ホテル・グロマダ(グロマダHPより)

同じフロアの一部屋おいて隣が眞也の部屋だった。ドアノブをがちゃがちゃしていたので、

「どうしたの」

と声をかけたら、

「ドアがどうしても開かないんだ」

と言う。このホテルの鍵は変わったつくりだった。オフィスビル玄関によく置いてある傘の簡易ロック装置のように、金属板をドアノブに差し込んでロックを解除する。こちらはすんなり解除できたのに不思議だなと何度か繰り返したが、うまくいかない。

自分の部屋に入り、フロントに電話をして、ボーイに来てもらう。ヨチヨチ英語で説明してみたが、うまく通じない。じれた眞也がひとこと、

「KEY　IS　NO　GOOD!」

と言うと、すぐに通じた。異国でのコミュニケーションはシンプルをもって最善となす、の典型ではある。ボーイは鍵を差し込みながら、ドアノブを左右に乱暴に回すと、簡単に開いた。原始的なロックを解除するには、原始的な方法である力技が一番という、これまたシンプル・イズ・ザ・ベストの典型ではあった。

ただし、このときは解除できたが、その後、なんどかボーイをよぶ破目になった。建物だけではなく、こんな細かなところまで共産国時代の伝統が残っていたようだ。

部屋に入ると、腰から下だけが重い。ベッドにそのままへたりこむ。しばし座りこんでいたが、体調はますますよろしくない。脈もかなり早い。とにかく寝るしかないと、歯を磨き、顔を洗うと下着だけになってベッドにもぐり込む。冷たいシーツが心地よいのは熱でもあるのかしらんと思ってからは、記憶がとんでいる。

首回りにかいた寝汗が不快で目が覚める。どうやら風邪をひいたらしい。外はうす暗い。夕方と思って時計を見たら、八時を回っていた。まだカミさんたちは帰っていない。どこかで食事しているのだろうと、Tシャツだけを着替えてまた眠り込む。

もう一度、寝汗で目が覚めたのは深夜二時過ぎだった。今度はTシャツからパンツまで汗で濡れている。いつ帰ってきたのか、カミさんが眠っていたので、下着だけをトランクから引っ張り

出し、バスルームに行ってそっと着替える。ベッドに入ってから、今日もセルシンもハルシオンも服用しなかったことに気付く。寝付けないかなと思ったが、急速に眠たくなってくる。風邪っては、精神安定剤や睡眠薬のかわりになってくれるのかな、などと益体《やくたい》もないことを考え込みながらまた眠り込む。

第五章

ホテルの部屋でひとり炭坑節、黒田節、博多祝い唄に興じたこと

六月八日（月）

固定式灰皿で寝たばこの防止

二度ほど下着を替えるために目覚めたが、あとは七時三〇分まで熟睡していた。昨夕五時から一四時間以上、眠っていたことになる。

昔、従兄で精神科医の河合洋から聞いた、風邪なんてのは典型的な心身症だ、ストレスにさらされていると、ひかなくてもよい風邪をひいてしまう、というなんとも乱暴な話を思い出す。それほどストレスがあったのかなと、不思議な気持ちになる。

この河合説が正しいとするのなら、ストレスの原因は団体行動を旨とする今回の旅行であろうが、カミさん、兄姉に吉留夫妻という、なんの気兼ねもいらないはずの同行者なのにストレスを感じるとは、根っから他人との同一行動が嫌いなんだなあと、あらためて感じる。

数日後、ウイーンでトモと落ち合ったとき、この一件を話したら、家にいても自分の部屋に閉

じこもってばかりの「ヒッキー」だからしようがないんじゃない、となぐさめてくれた。二四時間、カミさんといっしょにいるからじゃないか、などという軽はずみな発言をしないところは、我が娘ながらなかなか大人になったものだと親馬鹿ではあるが感心した。

ドアのロックに始まって、室内の各設備は星三つどころか星ひとつにもならなかったこのホテルだが、唯一の取り柄は喫煙室だったことくらいだ。ヘッドボードに巨大な枕を立てかけてから、ベッドに入ったまま寝煙草をくゆらす。もちろん、隣のベッドが不在であることは確認している。煙草に火をつけてから、灰皿がないことに気付く。

窓際のちいさな丸テーブルに灰皿があった。起きて取りに行く。なんの気なしに持ち上げようとしても、この灰皿が動かない。咥え煙草のまま、なにがどうなっているのだか、寝起きのぼうっとした頭では理解できない。力まかせに引っ張ったら、指が妙にねじれて痛く、思わずぎゃっと叫ぶ。よくよく見てみると、この灰皿、ネジでテーブルに固定されている。

掃除しにくかろうに、なんのため固定しているのだろうかと考える。灰皿周りに焼け焦げがいくつもあった。あ、なるほどねと納得する。

洋の東西を問わず、ヘビースモーカーは好きな場所で好きな時に煙草を吸いたがる。ベッドに灰皿を持ち込まれて吸われたら、寝具に焼け焦げをつくられる。

それどころか、ズブロッカをしこたま呑んだくれた酔っ払いだったら、かつてのホテル・ニュージャパンのように、火事の危険も大きい。固定式は、このホテルの精一杯の防衛手段だろうと思うと、大変なんだなあと同情したくなる。

同情したからといって、テーブルで吸う気にはさらさらならない。椅子に掛けてあったジャケットの内ポケットから携帯用の灰皿を取り出し、またベッドにもぐり込む。煙草を吸っていたら、携帯用の灰皿を押し付けてきた吉留の顔が浮かぶ。

あれは、結婚式当日の午前中だったか、アガタさんの案内でポズナンの街を歩いていた時のことだ。ポーランド到着翌日の朝の散歩のときにもふれたが、街角には必ずと言ってよいほど大きな円筒形の灰皿がある。最初のころは、そこに捨てていたが、近くに見当たらないと、靴底で踏んで火を消した後、手に持って見つけ次第、灰皿の中に放り込む。

ところが、どこにでも灰皿があるといっても、話に夢中になって見落したり、通りの向こうにはあるのに、こちら側にはないということもある。消した吸殻をいつまでも持ち歩くのも面倒だ。つい、道端に捨ててしまう。こうなったら、踏み消したあと拾わずに行ってしまうまで時間はからない。

日本にいるときは、街角で吸殻を捨てることはまずないのに、ポーランドでは平然とできてしまう、怖い旅先心理「旅の恥はかき捨て」ではある。昔、海外に出ると、国内では謹厳実直な中年・初老の男が妙にこなれてきて娼婦を買いあさると聞いたが、その気持ちがわからないではない。

吸殻を平気で捨てているところを見兼ねたのか、吉留がそっぽをむきながら、「これ、使えよ」と押し付けてきたのは、ショッピングセンターを出たところだった。見ると、焦げ茶色の携帯灰皿だった。瞬間、恥ずかしくて顔が火照る。

「うん、ありがとう」

と言って、ポケットにねじこむ。吉留は知らん顔して、アガタさんとなにか話している。実にさりげない気遣いである。

妙なたとえだが、結婚式のパーティで、横にするりとすべりこんできた、厳さんの恋人を想いだした。なにか似たようなさりげなさだった。名前を言えば誰もが知っている売れっ子の作家、漫画家から、吉留が信頼され愛されたのが、なんとなくわかるような気もした。

日本の位置を示すカントール両替表示

ぼんやり、そんなことを考えていたら、ジリリッと懐かしい一昔前の黒電話機の受信音が響く。出てみると浄子からで、

「早くおいで、地下のレストランで朝食を食べるよ」

とのことだった。あわてて着替えて、下りていく。

このホテルの廊下は入り組んでいて迷う。なんどか行ったり来たりして入ったレストランは、五〇〇平米は優にある広さだった。

そこに、客がみっちり入っている。料理が並んだテーブルは端から端まで二〇メートル以上はありそうだ。ただただ、スケールの大きさに圧倒される。

体調がやや不良とのこともあって、ヨーグルト少々と果物、それに紅茶を一杯という、なにやらダイエット中の女の子のような朝食をとる。

カントール・市中両替所（©Pomeranian）

カミさんが地図を見ながら、ショパン博物館から文化科学宮殿、ワルシャワ駅近くのショッピングモールに立ち寄ってから旧市街と、今日のスケジュールを説明している。聞いただけで圧倒されるが、とにかくショパン博物館までは付き合おうと決意する。

途中で逃げ出したあと、なにかあったときのために、トモから借りた携帯に充電しておきたい。先にロビーに戻って、フロントの女の子に、

「充電器ヲ貸シテクレマスカ」

と頼む。愛想のよいお嬢さんで、満面の笑みで貸してくれた。一〇分以上も待たせなかったら、申し分ないところであった。

充電を済ませ、ショパン博物館に行く。タクシーを使うのかと思ったら、街中に出ていく。じゃ、バスか市電（トラム）だと思っていたら歩きだった。思わずため息が出る。体調充分なら街中をのんびり散歩しながら行くのも悪くはないが、こりゃ勘弁してもらおうと、逃げ出す準備万端で二〇分ほど歩く。行ってみたら、ショパン博物館は生誕二〇〇年記念を翌二〇一〇年に控え、修復中だった。

では、ということでワルシャワ中央駅めざして、また歩き出す。文化科学宮殿は中央駅のすぐそばにあるとのことだった。

途中、正がカントール（市中両替屋）を見つけて、円をズロチに替える。中に入ると、現金を扱

うだけに仕切りは厳重だ。直径二センチはありそうな鉄格子の向こうに、ぼんやりとした顔つきの親爺が店番をしている。

鉄格子にはめこまれた分厚いガラスは、親爺の手元の蛍光灯の明かりを防弾ガラス独特の青っぽい光で透かしている。

壁には、相場が表示されている。国旗、国名、価格と並んでいて判りやすい。我が日の丸は、ユーロ、米、英、露、加、中、スイス、北欧三カ国の後、豪、韓、トルコの前にあった。ワルシャワでの日本の位置がなんとなくわかる。ただ、交換率は良かった。一ズロチあたり、成田の交換レートより一円五〇銭くらい高い。交換した紙幣と硬貨を財布に入れている正を見ながら、あのズロチは、今夜のウイスキー代だなと思う。

醜悪なワルシャワ文化科学宮殿

スターリンが建てさせた文化科学宮殿という名前は、どこからつけられたのかわからない。文化科学という知性もなければ、宮殿という優雅さもない。ただただ、巨大であたりを圧倒するだけの醜悪な建築物だった。この醜悪さと比肩出来得るのは、知っている限り東京都庁くらいだろうか。都庁とちがうのは、四万平米はありそうな広場に立っていたことだ。スターリンは、宮殿のベランダからワルシャワ市民になにかアジ演説でもする気だったにちがいない。

ここまで来て、中も見ないで醜悪とは決めつけられない。多くの見物客と並んで入場するためのチケットを買おうとしたとき、チケット売り場で妙なアジア系の中年男から英語で声をかけられる。我々のなかでは英語にもっとも堪能な吉留が話を聞くと、二枚分のチケットを買ってくれないかと言っているようだ。首をひねりながら、吉留がなにか聞き返している。中年男は料金表を示した後、指を立てて説明している。

列に戻った吉留から説明を聞く。

ワルシャワ文化科学宮殿

文化科学宮殿の入場料には、団体割引があって、一〇人以上だとひとり一ズロチ（約四二円）だが、一〇人以下は二ズロチとなる。中年男一行は我々と同じ八人で、そのまま買えば一六ズロチとなる。ところが一〇人分買うと一〇ズロチですむ、つまりは六ズロチ節約できる。とはいえ、二枚分を捨てるのは惜しい。そこで、原価の一枚一ズロチでよいから買わないか、そんなことを言ってきたらしい。中年男のチケットが、本物か偽物か見分けられないから、吉留は丁重にお断りしたそうだ。

建物内部に入る。エレベータホールは重厚な大理石づくりで、都庁と比べたことに少々反省する。なかなか趣味のよいつくりだった。いまは取り壊されてなくなった、有楽町日活ホテルのエレベータホールにちょっと似ていた。

美術館や劇場もあるというが、ともかく最上階の観覧台に出る。ワルシャワ市街が一望できる。街を歩いていたときには気づかなかったが、緑の多い街だった。いや、緑が多いというより、森の中を開発して街を作ったように見える。

第二次大戦中、ナチス・ドイツ軍とソ連軍との市街戦激戦場となって、街中は破壊されつくしたと聞いていたし、終戦直後の写真も見たが、今はまったくそのころの荒れた面影はない。復興したとき、たっぷりと植林スペースを確保した復興計画責任者に感心する。

遠くを見ると、ゆるやかなうねりはあるが、ほぼ平原地帯の真ん中にこの街があるとわかる。小さな川が流れているくらいで、自然の要衝はなにもない。西欧と東欧、北欧を結ぶ交通の要所ではあったろうが、攻撃されたら守りにくい街だったろうなと思う。

文化科学宮殿から見たワルシャワ市街

展望台は、正真正銘の石造りだった。二〇〇メートル以上もの塔を石造で建てられるのは、地震がない国だからだろう。古い建築物だけに、一・二メートルくらいの手すりがあるだけで、あとはオープンエアだ。もちろん、ものをポイ捨てしたり、飛び降り自殺されないよう、周りは金網で囲われている。

外観は醜悪だったが、展望台で初夏の中欧の大地を吹きぬけてくる風に包まれていると、昨夜からの不調が幾分か減じたような気がする。

展望台からワルシャワ中央駅を見下ろすと、すぐ横に逆Cの字の形をした建物があった。

地図を首っ引きで見ていたカミさんが、

「人気のショッピングモールで、洒落たポーランド料理のレストランもあるみたいよ」

と言う。旧市街に行く前に、そこで軽く昼食をとることにする。

無味乾燥のホテルで四〇年前の一夜に戻る

面白いもので、体調がほんとうに不調だと、昨日のように反抗する気力もなく一応はついていくが、少し回復すると、嫌なものは嫌と言えるようになる。

そこで、

「俺は行かないよ」

と宣言して、カミさんの非難がましい眼も気にせず、とっととひとりでホテルへ向かう。

街角のパン売り屋台
(©Stefan Kallroos)

宮殿前の広場角に旨そうなパンの屋台が出ていた。買おうかなと思ったが、ホテルまでの帰り道にもあるだろうと思いふわふわ歩きだす。これが大失敗だった。どこにもない。で、パン屋台をさがして道をひとつ違うところで曲がってみる。またまた、大失敗で、ここはどこ？　状態になる。

道に迷っても、振り返ればランドマークとなる文化科学宮殿が街角からのぞける。いざとなりゃもう一度帰りゃいいんだと思っていたら、ひょいとホテル裏口に出た。

第五章

ホテルの部屋でひとり炭坑節、黒田節、博多祝い唄に興じたこと

6月8日（月）

帰り道は、展望台から充分チェックしていたはずなのに、曲がる道一本で迷うところが、見知らぬ土地の街歩きの面白さだ。

ホテルの自室で、携帯用灰皿を横にしてベッドにひっくり返っていると、前々日の披露宴のことを思い出す。祝い唄として炭坑節を歌ったが、ありゃ黒田節のほうがよかったかな、いや黒田節は歌えたのだろうか、などと埒もないことを考え込む。

「酒は呑め呑め、呑むならば……」

と歌いだすと、意外や意外、三番まですらすらすると詞が出てくる。じゃ、炭坑節はどうだったろうと歌い始めたら、こちらは四番まで覚えていた。

ワルシャワのホテルで、ひとりっきりになって昼日中から炭坑節や黒田節を歌っているのがおかしくて、つい、声も大きくなる。カラオケで歌う楽しさはこんな感じかしらんと思う。カラオケを毛嫌いしていて、これまで歌ったことがなかったのがなんだか損をしたような気もする。歌ううちに、ますます愉快になって、他に博多の祝い唄はなかったかなと考えていたら、祇園山笠の博多祝い唄がふっと出てきた。

「めでためでたの若松様よ……」

と口ずさんでいたら、大昔のほんの一時期親しかった女友達の顔が浮かび上がってくる。

あれは、大学四年生のころだったろうか、博多から来ていた友人の誕生日祝いで何人かの仲間が集まった。その席で、こいつは西新《にしじん》生まれなんだよと、博多織元の娘に紹介された。なにかのきっかけがあり、数日後、ふたりで食事した帰りの車中、かなり酔っていたのか織元娘は博多祝

い唄を歌いはじめた。肩口から流れる、低い、少しくぐもった声が魅力的だった。ビートルズに夢中で、『ヤア、ヤア、ヤア！』の映画を見ながら叫びっぱなしだったと聞いていただけに、『シー・ラヴズ・ユー』あたりをハミングするならわかるが、博多祝い唄とは……、その落差も魅力的だった。肩に寄りかかったまま、

「どう？」

と聞かれる。

「うん、いいね」

と答える。

「じゃ、もうひとつ」

と言って、今度は正調博多節を聴かせてくれた。織元娘だけに、子どものころから耳が聴きなれていたのだろう、巧い節回しだった。

四〇年も前の一夜を久方ぶりに想いださせてくれるのだから、この無味乾燥きわまるホテルも捨てたものじゃないな、などと考えていたら、急に空腹感を覚え始めた。

疲労とストレスによる体調不良だったが、炭坑節と黒田節、それに博多祝い唄を歌っていた女友達との想い出がすっかり復調させてくれたようだ。中学校体育館を思わせる、地下のメインレストランには行く気になれず、ホテルを出て、文化科学宮殿近くで見かけたパン売りの屋台がどこかにないだろうかとさがす。かなり歩いてもない。

ここ数年、ゴルフに行ったときにも時折感じる右太もも付け根の鈍痛がしてくる。明日からの

ことも考え、目についたキオスクに飛び込み、軽食になりそうなものを見てみたが、なにもない。やむなく、クッキーとオレンジジュースを買い込み、ぽりぽり齧りながらホテルへ戻る。

不満だった温度調整できない空調

外は暖かだったのに、室内がなんとなく薄ら寒い。エアコンの温度調節ダイヤルをHのほうに一杯に回してみるが、吹き出る風は冷たいままだ。なんどか試してから、フロントに、

「『エアコン』ガ効カナイ」

と電話で文句を言う。

すぐにアラブ系らしき浅黒い肌のボーイがやってきて、吹き出し口に手を当てながら温度調節ダイヤルを回し、OK、OKとアメリカ風に指で丸を作りながら出ていく。ホントにOKなのかしらんと、吹き出し口に手を当てると冷風が出てくる。少しむっとして、もう一度フロントに電話し、

「温風ジャナクテ冷風ガ出テクルンダヨ」

と抗議する。さっきのアラブ系がまた来て、チェックしたあとOK、OKを繰り返す。どうもおかしい。

「冷風ナノニドウシテOKナノ?」

と聞いてみる。

「チャント冷タイ風ガ出テクルカラOKヨ」

と、巻き舌の英語で答える。

「冷風ジャナク温風ニシテチョウダイ」

と頼むと、頭を振りながら、

「六月ダカラ、温風ハナシ、冷風ダケネ」

とのことだった。

ことここに至って、ようやく理解する。このホテルの空調は客が冷風、温風の切り替えができず、ホテル側の一存でどちらか一方に決められているようだ。アラブ系には礼を言ってわずかなチップを渡して帰し、エアコンはスイッチをオフにする。せっかく昔の女友達を想いださせてくれて好感情を持ったのに、また、このホテルへの悪感情が出てくる。勝手なものである。

トモから借りた携帯が鳴る。吉留だった。

「今戻った、体調はどうだ、まだ寝ているの？」

と聞くから、

「少しよくなった、起きているよ」

と答える。

「じゃ、そっちに行く」

と言い、すぐにやってくる。

「旧市街から王宮前広場に行ったがなかなか良かったよ、夕暮れ時には新市街のほうへ行ってみようと思うがいっしょに行かないか」

と誘われる。

「もう少し休んでいる」

と断り、煙草を吸いながら吉留から旧市街の話を聞く。話をしてから、吉留は部屋に戻る。

さっき食べ散らかしたクッキーで、口の中が甘ったるい。取り外し式の三本義歯をはずして歯を磨く。すっきりしたところで、紅茶をもう一杯と思ったところにカミさんが帰ってくる。あわてて洗面台に行き、はずしていた義歯を戻す。

六時から七時三〇分までみんなで街中をぶらぶらするとのことだったが、断って、

ワルシャワ旧市街のマーメイド像(©Nieszka)

「ひとりでゆっくりしているから行ってきてね」
と頼む。では七時三〇分にホテル集合、夕食はどこか街中で食べようということになる。旧市街までは行った眞也は夕食まで一眠りし、吉留も、新市街を歩きたいとひとりで出ていったそうだ。なんだか、おひとり様仲間が増えたようで、ちょっと嬉しい。

オープンカフェで会ったスラブ系美女

冷たくなった紅茶を飲んで、一時間ほどぼんやりしていたら、勝手なもので退屈しはじめた。吉留に電話し、

「どこにいるの？」

とたずねたら、

「そろそろホテルに帰る」

と言う。ロビーで待つ。すぐ帰ってきたので、

「お茶でも飲まないか」

と誘う。

ふたりでこれまでとはまったく逆方向へ四〜五分歩いたら、小さな広場があった。巨大なパラソルがいくつもならぶ、オープンカフェがある。飛び込んで、そよ風の中で紅茶を飲む。吉留はビールにサーモンサラダを注文する。

ティスプーンでサラダを盗み食いしていたら、ウエイトレスがフォークをもう一本持ってきてくれる。ニコッと笑ったスラブ系の顔は、思わずうーむとため息が出るほどの美形だった。

仕事帰りらしきＯＬが斜め前にふたり座っていた。なにごとか、笑いながらしゃべっている。そのうちひとりが、こりゃまたとうなずかせるほどの美形で、吉留に、

「美人が多いね」

とささやく。ビールを呑みながら、吉留はちらっと見ただけで、

「ポズナンのほうが多かったのじゃないかな」

と答える。女の好みはさまざまであると、再確認させられる。

時間になったので、ホテルに戻り眞也に声をかける。待っていたらしく、出かける用意をして

すぐ出てきた。外出組から吉留の携帯に電話が入る。

「ホテルまで戻るのは面倒だから、大通りまで出て来てよ」

とのことだった。歩きはじめると、すぐ吉留が、

「眞也さん元気になったようだね、よかったね」

とささやく。ひと眠りしたせいか、いつもの小走りのような歩き方で、眞也はさっさと大通りに向かい歩き出している。

大通りに出て、指定されたように右に曲がるが、外出組と会えない。一ブロック行ってから、違うんじゃないのと戻る。左右を見回すと、左手二ブロック先でつや子さんが手を振っている。右と左を間違えたらしい。ホテルに向かって右は、ホテルからだと左になる。こんな単純な間違いをするところも、海外旅行ならでは、である。

どこで食事しようとも決まっていないため、街中をのんびり歩く。

ギリシャ料理店サントリーニ（店舗案内より）

絶品だったポーランドのギリシャ料理

濃いグリンに鮮やかなブルーで縁取りされたネオンが目

について。ギリシャ料理店『サントリーニ』とある。ポーランドでギリシャ料理も面白いと衆議一決、店に入る。

これが大正解だった。

まず、サービスがよい。予約もしていないのに、東洋人八名様の団体を、奥の小部屋に案内してくれる。メニュはポーランド語とギリシャ語らしき文字で書かれているため、さっぱりわからない。ためつすがめつ見ていたら、ウエイターが、ひとつひとつを金釘流の英語で書いてくれ解決した。

いつものように、まずは酒を決め、ついでグリン・サラダ、魚、豚、鶏と適宜に二〜三皿とる。パンは料理を見てからにする。ポーランドでは、料理一皿にジャガイモ四〜五個分のマッシュポテトがついてくることが多い。この店も例外ではなく、ギリシャ料理店だがジャガイモだけはポーランド流にてんこ盛りされて出てきた。

サラダを食べる。うっと飛び上がる。とてつもなく辛い。ドレッシングかタンポポそっくりの葉っぱが辛いのかわからぬが、とにかく辛い。ただ、あとをひく辛さではなく一瞬の辛さだから、肉料理と一緒に食べると、舌の脂を流してくれて後口がすっきりする。

オリブ油の香りを残す白身魚のフリッターは、マッシュポテトと混ぜ合わせると旨かった。

眞也も少しは復調したらしくズブロッカを呑んでいる。八人が好き勝手注文し、デザートまで平らげてお勘定はチップ込みの四〇〇ズロチ（約一万五六〇〇円）だった。ポズナンでの最初の食事代より少し高いのは、首都値段といったところであろうか。

ホテルに帰ると、眞也の部屋は相変わらず鍵が不調だった。吉留とふたりでえいやっと力ずくで開ける。見ていた浄子から、

「明朝の出発が早朝なので五時三〇分くらいに電話を入れてよ」

とのご下命がある。

吉留の部屋の前を通った時、つや子さんが出てきてイチゴをくれる。食べる。みずみずしくて旨い。形は不揃いで、黒ずんできているが、イチゴはポーランドに限ると思う。

復調したとはいえ、まだ体が熱っぽい。連夜の酒席は遠慮し風呂には入らず、下着だけをすべて変え、顔を洗う。湿度が低いのか、二日間風呂に入っていないのに、さほどの不快感はない。ただし、頭や体が少しかゆい。

セルシン一錠、ハルシオン〇・五錠を服用して寝ようとしたとき、トモから電話がある。日本に帰ったらシャチハタの印鑑を作って送ってくれとのこと、ポーランド子会社とはいえブリヂストンは日本企業だから、日常用の印鑑が何本か必要らしい。

ついでだから、出発時から気になっていた裏蓋がはずれる腕時計の修理はどこで頼めばいいのかを聞く。トモはうーんとしばらく考えてから、帰って日本で修理させたほうがいいんじゃないのと言う。精密機械に関して、ポーランドは今一つだからとのことだった。長話をしていたら、一一時を回っている。急に眠気が襲う。電話を切ったら、すぐ眠りこむ。

第六章

豊かで美しい中欧大平原にモンゴル軍大遠征を追想したこと

六月九日(火)

喫煙者に冷たいワルシャワ空港

一昨日から充分すぎるほどの睡眠をとったせいか、五時に目が覚める。体のだるさはなく、寝起きはすこぶるよろしい。こんなことは、一年に何回もない。まず、紅茶を一杯淹れて飲み、トランクの荷造りをしてから浄子に電話する。もう起きて、準備をしているとのことだった。例の体育館レストランは、朝六時からオープンする。五時五〇分に部屋を出てロビー・フロント前に集合する。八人分のトランクをレストランに持ち込むわけにもいかない。

「見張っているから先に行って朝食を摂ってくれ」

と皆に言い、ひとり残る。

昨日、携帯の充電器を貸してくれた女の子が、早番だったらしくフロントに出てきた。目が合うとニコッと笑って挨拶する。このホテルは外観、内装、レストラン、どれも星ひとつだったが、

第六章

豊かで美しい中欧大平原にモンゴル軍大遠征を追想したこと

6月9日（火）

この女の子だけは愛想がよいから星三つと勝手な採点をする。

手早く朝食を済ませた眞也が来て、

「替わろう、飯を済ませてこい」

と言う。下に降りて、紅茶一杯と菓子パンみたようなものをひとつ食べて戻る。

六時三〇分に、昨日頼んでいたタクシー三台が迎車にくる。分乗すると、三台のタクシーは、当然のように一二〇〜一三〇キロで吹っ飛ばしワルシャワ空港へ向かう。慣れとは恐ろしいもので、なんとも思わなくなっていた。

クラコフ行きの便のチェックインは二組に分かれてさせられた。八人一組だとなにか不都合があるのかもしれないが、ともかくグランドスタッフの言うとおりにする。

英語のやりとりがあるため、向こうはカミさんが、こちらは吉留に任せる。ふたりはカウンターの職員に、日本から予約していたEチケットを発券させようと予約ペーパーを見せている。この予約ペーパーが、あとでまた一騒ぎを起こすこととなる。

発券も済み、チェックインしたが、時間が一時間近くある。吉留とショップを覗きながら喫煙室をさがしたがない。どこに行っても、赤丸に斜線の禁煙エリアで煙草はあきらめる。

ワルシャワ空港は国際線優先で、国内線はバスで搭乗口まで行く。バスに乗り込み発車したとき、吉留がポケットをさぐっている。どうしたのと尋ねると、Eチケットの予約ペーパーをさっきのカウンターに忘れたようだと言う。

「クラコフまでは飛べるのだから、着いたら今回の旅行をセッティングした旅行代理店に電話

ワルシャワ〜クラコフ、空路の眺め

して、ホテルまでファックスさせればいいんじゃないの」

と言ったが、吉留は、そうかなあと首をひねっている。責任感の強い男だけに、気にしていたのだろう。

国内便は、ポズナンと同じように、タラップを使うが、水上機のように機体背中に主翼を背負ったパラソル型双発ターボプロップ機のため、四、五段も上がると機内に入ることができる。

ＬＯＴのＣＡは、ここでも美形だった。ただ、狭い搭乗口から乗り込んだとき、香水瓶はひと月持たないな、というぐらいの強烈な香りをふりまいているのが難点ではあった。

フランクフルトからポズナン、ポズナンからワルシャワと低空を飛ぶターボプロップ機に乗っていたため慣れたのだろうか、窓際の席に座ってもさほど動揺しなかった。すぐにプロペラの回転音が鋭くなり、機体が震え始める。離陸するなと思うと、さすがに少し緊張して瞑目する。

豊饒の大地を擁する幸運と不運

水平飛行に移って一〇分もたたないうちに何気なく窓から外を見ると、中欧の大地が広がっている。

美しい。見惚れる。ただただ見惚れる。

ゆるやかな起伏の中、見渡す限りの大地が、さまざまな色の市松模様に区分けされている。淡いグリンがジャガイモ、濃いグリンはトウモロコシ、白っぽく光っているのは小麦畠だろうか。ところどころ、地力を取り戻させるためか休耕している畠が黒い土肌を見せている。

豊饒の大地を潤す小さな池が点在し、時折、陽光にきらめく。池からの細い水路が四方八方に伸びる。池の周りには、針葉樹が小さな森を作って縁どり、赤や焦げ茶の屋根の農家が数軒建ち並ぶ。中欧の長く厳しい冬の吹雪から、針葉樹の森が農家を守り、かつては暖房・料理用の燃料も提供していたのであろう。

何本かの細い道路が大地を走る。こんな大平原だから、直線道路にすればよいものを、まっすぐな道はわずかで、どれもほんの少しだが左右に曲がっている。注意深く観察すると、道は高さが二〜三〇メートル足らずの丘を避けるため、丘の裾を縫うように走っていることがわかる。

そうか、中世からの道だからだ、と気づく。

自動車ならなんてこともない高低差二〜三〇メートルの坂だが、馬車が大量交通輸送手段だった時代、なるべく平坦な道を走らせて馬の疲労を最小限に抑えたかったのは当然かもしれない。

緑が豊かに大地を覆う風景を眺めていると、一三世紀モンゴル遠征軍がルーシ（ロシア）からポーランド、オーストリア、ハンガリー、セルビアまで進撃して、更に西を攻めなかった理由もわかるような気がする。中欧の豊かな大地と都市がため込んでいた莫大な富は、モンゴル遠征軍将軍スプタイを充分に満足させていたからだろう。

もちろん、大軍が必要とする軍用食糧を供給するにも申し分なかった。そんな居心地のよい中欧に居を構えたスプタイは、西欧一帯の情報も偵察兵集団から得ていた。深い森、ライン、ドナウの大河、アルプスの険しい山など自然の要害に囲まれている上に、まだまだ未開な土地が多く貧しいという偵察報告を受けたとき、攻めて失うもの多く、得るもの少なしと判断してこの地に留まったにちがいない。

もうひとつ、二〇世紀のふたつの大戦で、中欧が大軍同士の激戦場となったのも、この地形あってこそと納得する。

特に、第二次大戦欧州戦線の趨勢を決めた、ナチス・ドイツ機動軍団ティーゲル、パンテル戦車三〇〇〇台とソ連機甲化軍団T34／76、T34／85戦車三六〇〇台が激突した『クルスク大戦車戦』などその典型例だ。両軍参加兵員は二〇〇万を越え、航空機五〇〇〇機、戦車、自走砲などを合わせて一万両以上の軍用車両が戦うという戦況は、数百キロ四方がゆるやかな起伏の草原で覆われている広大な平地なしには考えられない。

史上最大にして最後の大戦車戦を前に、ジューコフ元帥だったかソ連機甲化軍団総司令官が、部下の各機甲化師団幕僚を集め、中欧における戦車戦は陸戦と思うな、海戦と考えるべし、と指示したというが、今、機窓から見る大地は、まさに大洋と呼ぶべき広がりであった。近代戦で、大国同士が雌雄を決する海戦はあったが、陸戦ではクルスク大戦車戦くらいではなかろうか。ジューコフの言う「海戦と考えるべし」は、その意味からも正鵠を射ていた。

ナチス・ドイツはこの決戦に敗れて要衝キエフを奪回され、ソ連軍による怒涛のベルリン進撃が始まるきっかけともなっている。

ロシアとドイツ、ふたつの大国にはさまれたポーランドが、中世から近世にかけて戦火に蹂躙された理由はこの豊かな大地にあった。同時に、この豊饒の大地があればこそ、中世ポーランド王国が、ヨーロッパ随一の騎馬軍団を作り上げられたのだなとも思う。

機体が降下し始めた。ワルシャワ〜クラコフの機内では、かつてこの地を血で染めた戦火を追体験することで終わった。わずか一時間二〇分のフライトだったが、思うところは多々あった。それにもうひとつ、機窓から地上を見下ろしても尻に冷たい風は吹かず、なんの抵抗感も持たなくなったことは、我ながら信じられない進歩ではあった。

団体旅行者優先のクラコフ空港タクシー

「クラコフは日本でいえば京都、奈良ですね」

と、アガタさんからレクチュアを受けていたが、空港内部はポズナン、ワルシャワと同じように素っ気ない造りだった。

ポーランド陸軍SP

ただ、近隣諸国のどこかでテロでもあったのか、サブマシンガンをかかえたポーランド陸軍兵士がふたり一組で警備している。どの兵士も身長は一九〇センチ、体重は一〇〇キロ近い偉丈夫で、一目で精鋭部隊とわかる。歩き方に特徴があって、決して急がない。ゆっくりパトロールしているが、もちろんのんびりしているわけではない。鋭い視線を周囲に走らせ、紅潮した首筋には太い血管を浮かび上がらせている。

あとでクラコフのホテル従業員に聞いたところ、テロ予告のメールが送られてきたからじゃないか、と言っていた。ポーランドもイスラム原理主義者との戦いに巻き込まれているのだな、と極東からの旅人は驚く。

タクシー乗り場に歩く途中、吉留の怒鳴り声が聞こえてきた。東京の旅行代理店にEチケットの予約表を紛失したから、今日宿泊予定のホテルまでファックスしてくれと、国際電話もかけられる携帯で連絡したところ、気の利かないおネエちゃんが散々待たせた挙句、担当者がいないからまたあとで電話しろと言ったらしい。国内温泉旅行かなにかのアテンドをしたおやじが、わけのわからないクレームをつけてきたときなどのための、マニュアル通りの対応だったのだろう。なにごとにも真面目な吉留が怒鳴るのも無理はない。

「国際電話をかけているのに、またあとでとはなんという言い草だ」

とおネエちゃんを叱りつけ、上司を出させた。とりあえず調べて、必ず本日中にホテルまでファックスを差し上げますという上司の言葉に納得したのか、ごたごたも一段落する。

タクシー乗り場に列をつくって待っていたタクシーの中から、ミニバン二台がすっと先に出てきて我々を手招きする。クラコフの空港客待ちタクシー業界では、少人数団体旅行者向けに、人も荷物も搭載量の多いミニバンが優先権を持っていたのかもしれない。世界遺産の街だけに、なかなか気がきいていると感心する。

ミニバン三列目の補助シートに潜り込む。左横には巨大なトランクが山積みされている。例によって一二〇～一三〇キロで吹っ飛ばすため、左カーブのときには遠心力で滑り落ちてきそうになる。高速の怖さより、滑り落ちたトランクに激突されるほうが、よほど怖い。おかげで、どこをどう走っているのだか、さっぱりわからないうちにクラコフでの宿に到着していた。

時計を見たらまだ一〇時三〇分、ホテルの部屋の片づけが終わっているはずもなく、二時のチェックイン・タイムまで三時間以上ある。で、

「『トランク』ヲ預カッテクレナイカ」

とフロントの女の子に頼むと、歯切れの良い英語で、シュアとふたつ返事で引き受けてくれた。

やれやれ、これで身軽になったと一安心していたら、女の子が

クラコフ団体客用タクシー(©Lukas 3z)

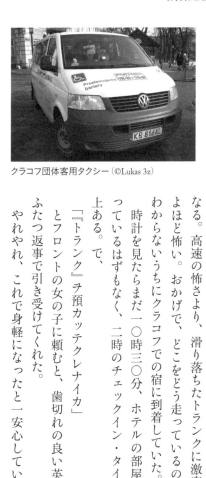

ちょっと待てと手を上げ、館内電話でなにやらポーランド語をまくしたてはじめた。すぐ、こちらに向き直り、

「一〇分、ココデ待ッテイテネ」

と言う。

「ナンデ?」

と聞き返すと、

「アナタタチノ部屋ヲ優先的ニ掃除サセテルノ。部屋ニ荷物ヲ置イテカラノホウガ安心シテ出カケラレルデショ」

と答える。つまりは、アーリー・チェックインさせてくれるというのだ。

その親切に甘えて、ロビーで待つ。待っているあいだ、吉留は女の子と世間話をしている。彼女はヤギェウォ大学の学生で、

「『ポーランド』最古ノ大学ヨ」

と少し自慢気だった。夏休みのあいだ、このホテルでクラスメイトとアルバイトしていると言う。我々が日本人一行だと知ると、大学にも日本人留学生がいて、なんどか話したこともあるそうだ。ただ、

「日本人観光客ハアマリ来ナイシ見ナイワ、特ニ、コンナ小サナ『ホテル』ニ泊マル日本人ハ珍シイノ」

とのことだった。

豪商邸宅を改築した小体なホテル

そんなこんなのうちに、部屋の準備が整った、どうぞとなって、三階の部屋まで案内してくれる。建築後、ずいぶん経ってから後付けされたらしきエレベータはロビーから奥まったところにある年代物で、ドアは手動で開閉する。三越日本橋本店のエレベータのように、蛇腹式のドアだった。三階に着くと、薄暗い廊下に出る。片側三部屋ずつだが、照明は一五ワットくらいの白熱灯ひとつしかない。妙にきらきら光ってまぶしいが、絶対的な光度不足のため、奥の部屋だとあたりがかなり暗い。はじめは、廊下のメインの照明をつけ忘れたのかと思ったが、どうも照明はきらきら白熱灯だけらしい。

個人的には五つ星のエスターホテル

きしみながら、ゆっくり上がるエレベータは年代物だったが、部屋はカードキーと近代的で、入るのに苦労はなかった。室内は左手に金庫の設置されたクローゼット、右手にトイレ付のバス、奥にツインのベッドが置かれている。

壁には写真が何枚か飾られていた。女性の服装、馬車などから一九世紀半ばころの街頭写真のようだ。詳しく見る時間はなく、とりあえずパスポートや貴重品を金庫に放り込み、財布と煙草だけを持ってロビーまで階段で降りる。階段の照明も、廊下と同じくきらきら白熱灯で、何枚もの写真が飾られている。深紅の絨毯は、駆け下りても足音ひとつ立てさせない。

このホテル、名をエスターと言う。旧ユダヤ人街のすぐそばにあるシェロカ広場に面した小体なホテルだが、その正体は一八四五年ごろ、クラコフの豪商が自宅として建てたものと、ホテル紹介の英文パンフレットで知った。一九〇五年、大きな部屋をいくつかに分割してホテルに改築したが、外観はもちろん、内装もほぼ建築当時のままという。

さすがに客室内の照明は近代的なものに変えられていたが、廊下や階段は変えていない。あの、妙にきらきら光る照明は蠟燭を立てていたころの名残で、弱い蠟燭の光度を強くするための金メッキされた反射鏡を今なお磨いて使っていたからだ。

階段の手すりは胡桃材で、一五〇年の時を経ても歪みひとつない。手を置くと、吸いつくような手触りだった。

階段壁面に飾られた写真は、このホテルの一〇〇年史でもあった。高さ二メートルほどの胡桃の樹が四〜五本、広場に面した玄関そばに生えている写真があった。今では高さ二〇メートル余り、幹回りは吉留とふたりで手を回しても届かない大樹に育っている。

ロビーに置かれている猫脚の椅子もすべて一点もので、豪商が使用していたものをビロード地だけ張り替えて使っている。座る。豪商の邸宅だったポーランド王国時代、どんな女たち男たちが座ったことだろうと想像がふくらむ。

ナチス・ドイツ占領時代には、旧ユダヤ人街からアウシュヴィッツ、ビルケナウの強制収容所へユダヤ人を送り込んだ親衛隊員が、高々とブーツの足を組んで座っていたかもしれない。歴史の深淵を、耳や眼ではなく体で受け止めると、しばし呆然とさせられる。

空気が重い聖マリア教会礼拝堂

「中央市場広場に行くわよ」

とのカミさんの声に我に返る。ホテル前は南北八〇メートル、東西二〇メートルほどの細長い石畳広場になっていて、周りをレストランやパブ、ホテル、警察署などが混在して囲んでいた。北端には緑地があり糸杉の樹影が濃い。広場を抜けて少し歩くと大通りに出た。第一次、第二次大戦の戦火を免れたというだけに、古い街並みが道の両端に続き、どこかで見たことがあるような既視感にとらわれる。

眞也から、

「ホテルの二軒隣にあるレストラン入り口には、七つの燭台があったが、あれはユダヤ教のシンボルじゃないか」

と歩きながら話しかけられた。ユダヤと聞いて、ふっと、『シンドラーのリスト』を思いだす。モノクロで撮影されたクラコフのユダヤ人街のシーンにこんな風景があった。そうか、スピルバーグはクラコフでロケしたのかもしれないな、帰ったらDVDでもう一度見直してみようと思う。

一五分ほどで中央市場広場に着く。二〇〇メートル四方もある巨大な広場で、真ん中に円柱をアーチでつないだ広壮な建物がある。王宮かしらんと思ったが、中世クラコフの織物商人が建てた織物会館と聞く。その横に旧市庁舎、反対側には聖マリア教会が建つ。

聖マリア教会並びに白い壁、緑色の屋根の小さな教会堂らしきものもあった。実に魅力的な建物であったが、今も正体は不明である。

クラコフの象徴、聖マリア教会

クラコフ織物会館（©Jorge Lascar）

クラコフの中心広場だけに、平日だが観光客を多く見た。ただ、日本人はもちろん、東洋人らしき顔が見えない。世界遺産の街ではあるが、ポーランドは東洋の観光客にとって、まだまだ遠い国なんだなと、改めて実感する。

織物会館横には、観光客向けの二頭立て馬車が一〇輌以上並んでいる。どの馬も、首うなだれて微動だにしない。眼の焦点がどこにも合っていないように見える。観光地の馬車を牽く馬の目は、どこの国でもみな似通っている。長く見ていると、胸ふたがる想いがする。

周囲に人垣ができはじめた。みな、聖マリア教会の塔を見上げている。なにごとかと、お上りさんよろしく見上げる。

正午の時を告げる鐘の代わりに、喇叭が鳴り響く。かつて、モンゴル軍がクラコフ市街を奇襲したとき、いち早く気付いた喇叭手がいた。彼はクラコフ市民と騎士たちに敵襲を告げようと聖マリア教会の塔に駆け上がり、りょうりょうと喇叭を吹いて知らせたが、モンゴル狙撃弓兵に射落とされて死んだ。この勇敢な喇叭手を悼み、今も正午は喇叭で時を告げるという。

広場の片隅で、行きかう人びとを、ぼんやり見つめていたら、つや子さんから、

「教会にいらっしゃいませんか」

と誘われる。浄子といっしょにちらっと覗いてみたら素晴らしかったそうだ。

その教会、聖マリア教会は高さ八〇メートルを越える二基の塔と壮大な礼拝堂があるのに、正門らしき入り口は幅三メートル、高さも二メートル足らずと小ぶりだった。

聖マリア教会前広場の観光客用馬車

開けっ放しになっている古い木の扉をくぐって、三、四段の階段をおりると、異次元の空間が広がる。異次元のほかに形容しようがない。広大壮麗にして重厚な空間は、壁一面に描かれた壁画、高い天井から鎖で吊り下げられた照明、金色に輝く祭壇、すべてが無垢の信仰心を持った善男善女の祈りを、数百年にわたって吸い取り刻み込んで来た気配がする。その気配の濃厚さにたじたじとなる。

奥に進む。祭壇まわりには捧げられた無数の蠟燭の炎が揺らぎ、煌めく。膝まずく人びとの祈るちいさな声が響く。祈りの声は、蠟燭からのかすかな煙を礼拝堂中空に広げ、たゆたわせている。ステンドグラスから射し込む陽光が煙を切り裂き、光の幕をいくつも礼拝堂に下ろす。

塩野七生がエッセイで、ヨーロッパ・カトリック教会の華麗さは、坊主の成金趣味ではない、過酷な労働で疲れ果てた庶民に、週に一度の安息日だけ、この世の天国を味あわせるためのものだと書いていたが、なるほどとうなずかされる。無神論者であっても、この異次元の空間を天国と言われたら、うなずかざるを得ない。

ただ、どこかしらざらざらした夾雑感が残る。無辜の信者を祝福しているカトリック坊主に、舌打ちのひとつもしたくなる。

また、この聖マリア教会の礼拝堂は空気が重かった。中にいるだけで、巨大な礼拝堂空間からの重圧がかかる。一昔前、戦艦大和の乗組員にインタビューしたとき、

「大和に初めて乗り込んだら、艦内の空気が重いんですよ、厚さ六〇センチもの甲鈑に囲まれた七万トンの巨艦だったからでしょうか」

と不思議そうに語っていたが、なんとなくその重さが似たような気もする。

失望した「白貂を抱く貴婦人」

外に出ると、菓子パンひとつの朝食しか食べていなかったせいか、珍しく空腹を覚える。中央市場の広場の裏道を入っていくと、小体なレストランがあった。店内のテーブルは四つほどしかなく、向かいの修道院らしき壁沿いにオープンカフェを出していて、そこに案内される。

テーブルが小さかったため、ふたりずつ、四つのテーブルに座り込んで昼食を摂る。横にいた正と座ったが、メニュを指さして適当に頼めと言う。英語表示もあったメニュだったため、なんとか注文できる。

クラコフ中心街のフロリアンスカ通り(©Ludvig14)

美青年ウェイターのいたオープンカフェ

すぐに出てきたオレンジジュースは美味かった。一口飲むと、爽やかなオレンジの香りがふわりと口の中に広がり、飲みこんだあとに甘さがやってくる。北米やオーストラリアで何度か飲んだオレンジジュースのねっとりとした甘さではなく、生鮮かつ淡麗な甘さではあった。

また、ボルシチもまずまずだったが、ポズナンでのボルシチがあまりに旨かったためかどうしても比較してしまう。上等なものを知ってしまうと、まずまずでも満足できない。我ながら小人だなあと反省するが、同時にこの店に匹敵するオレンジジュースが、旅行中飲めるかどうかを考えているのだから世話はない。

正の食っていたパン、マッシュポテト付きのソーセージを少しもらう。適当に食べ散らかしていると、カミさんがチャルトリスキ美術館への道をウエイターに聞いていた。

我々のテーブル付きウエイターは美青年だった。身長は一九〇センチくらいか、二〇歳前後でまだ顔も躰も少年と青年の過渡期にある。カミさんは顔を寄せて話をする癖がある。ぐっと迫られ、青年は若干の怯みを見せながらも、紅潮した顔で一所懸命道順を説明していた。

浄子が、綺麗な顔の男の子ねえと感心して、カミさんに説明が終わった青年と写真をとってあげると言う。記念撮影している最中、青年

チャルトリスキ美術館（©Janusz Klimek）

ダ・ヴィンチ「白貂を抱く貴婦人」

は嫌そうな顔ひとつしない。観光都市だけに、教育が行き届いているのだろう。ご苦労さまの意味を込めて、青年には個人的に一割増しのチップをそっと渡しておく。

チャルトリスキ美術館は、その店から歩いて数分の街角にあった。レオナルド・ダ・ヴィンチの「白貂を抱く貴婦人」所蔵で知られる美術館である。

トモの結婚式出席がこの旅行の第一目的であったが、アウシュヴィッツ、ビルケナウを訪ねることと「白貂を抱く貴夫人」をじっくり観ることも、それに劣らず大きな目的であった。他の絵画と違って、「白貂」は五〇平米くらいの薄暗い部屋に間接照明を当てられて、単独で飾られている。我々を除くと、観る者は三〜四人しかいない。

恥ずかしながら、生まれて初めて観るレオナルド・ダ・ヴィンチの真筆である。胸ときめかせ近寄る。うん？　である。数歩ほど後ずさり、全体を観る。またまた、うん？　である。右から、左から、首を傾げながら観ている東洋人に、この絵画にだけ付いている警備員が不審そうな視線を投げかけてくる。

そんなことは気にせず、絵画鑑賞としては、最大の贅沢な時間を過ごせた。ダ・ヴィンチ作品を、観たい距離、角度から、観たいだけ観ることができるなど、そうそう得られる時間ではない。で、その結果ではあるが、なあんだ、である。すばらしい絵画、というより芸術作品に出くわしたときだけに感じる、あの吸い込まれるような一刻が、「白貂」にはない。なで肩の女が、哺乳類というより爬虫類のような動物を抱いて振り返っているだけである。

ボッティチェルリの音曲の流れ出るようなみずみずしさもなければ、ラファエルロの妖艶な清純さもない。なにもない。ナッシングである。とはいえ、天下のダ・ヴィンチ作品である。己の絵画鑑賞能力の不足であろうと、恥じ入りもする。

時と心を奪われたレンブラント作品と琥珀の輝き

首をひねりながら部屋を出たら、次の部屋で兄の正も浮かぬ顔をしていくつかの肖像画を観ていた。どうだ？　と眼で聞くと、腕組みして中空を見上げる。なにを感じたか、すぐわかる。正も「白貂」から感じること少なかったようだ。正の美に関する感受性の強さを知っているだけに、お墨付きをもらったようでちょっと安心する。

この旅行中のスナップ写真を編集者やスタイリストの女性たちに見せたことがある。みな、正のセンスの良さをほめる。中でも、黒のシャツにレモンイエローのコットンパンツ、深紅のセーターに淡い霜降りグレイのハンチングは何人かに絶賛された。日本人ではなかなか着こなせないファッションだと言う。

「ふうん、じゃ僕も着てみようかな」

と言うと、およしなさいと止められた。着るものは人を選ぶのだそうだ。

「兄弟だ、どこが違う」

そう抗議すると、身長が違う、姿勢が違う、顔も違うなどなど勝手なことを口々に言ったあげく、

「全体の雰囲気が違う」

と決めつけられた。

「雰囲気ってどこから生まれてくるんだい?」

と未練がましく聞くと、スタイリストのひとりは、

「まだお兄さまにお目にかかったことはないけど、きっと絵を描く方だと思うわ」

と答える。

驚く。その通りである。

合板などをあつかう建材屋という、絵画とはかけ離れた職業についてはいたが、正は子どものころから絵が好きで、いつもなにかを描いていた。

正が中学二年のころ、母親が漆黒本繻子博多織の生地を帯に仕立て、これじゃ色めかないからお太鼓になにか描けと言ったことがある。見るからに高そうな光沢を放つ帯を前に、正は庭先の深紅の薔薇を手折ってくると、躊躇うことなく、下書きもせずに油絵の具で二本の薔薇を描いた。

帯の中の薔薇は、庭の薔薇よりかぐわしく、絵画の魅力をはじめて知らされたものだった。

次の部屋に入ると、大樹が眼に飛び込んできた。レンブラントの「善きサマリア人のいる風景」である。この美術館にあるとは思いもよらなかった。

観る。魅き付けられる。画面の中に吸い込まれそうになる。明るい日差しを感じる。暗い雲からの冷たい風が吹きつけてくる。風が運ぶ森と草原と土の原始的な匂いに包まれる。しばし時と心を奪われる。

レンブラント「善きサマリア人のいる風景」

下調べをしないで、出たとこ勝負の美術館めぐりでは、たまにこういった幸運に恵まれる。「白貂」で損したような気分が、すぐさま回復する。ゆっくり観入った後、正にそう言うと、ダ・ヴィンチとレンブラントを損得で比べるのはお前くらいだろうと苦笑される。

美術館は好きなのだが、観終わると疲れるのが困る。なにごとにも集中することがなく、いつもいい加減な生活をおくっているから、たまに集中すると疲れるのだろうと反省する。

チャルトリスキ美術館を出て、煙草を吸いながらぼんやりしていたら、浄子があの琥珀店を覗いてみようと歩き出した。疲れてはいたが、あとに続く。通りひとつ隔てた一帯はポーランド名産の琥珀をあつかう店が並んで

ねっとりした琥珀の輝き（©Brocken Inaglory）

いる。間口の大きな店に、飛び込みで入る。

一五〇平米はあろうかという店内には、淡褐色から濃褐色の琥珀があふれている。宝石とは違って、琥珀は光を直接反射しない。やわらかな間接照明の光を吸い込み、溜めこんでからゆっくり独特の光を放つ。掘り出されたままの長さ一メートル近いものから、直径五ミリにも満たない小さなものまで、無数の琥珀がねっとり輝く。その魅力に呆然となる。

片隅のケースには蠅や蚊を閉じ込めた琥珀が飾られている。『ジュラシックパーク』では、この昆虫から恐竜のＤＮＡを取り出していたが、一〇〇〇万年以上も前の樹脂に閉じ込められた蚊を見ていると、そのリアルな姿になにやらあり得るような気もする。

美術館に続き、圧倒的な迫力の琥珀にも体力を奪われる。で、これから旧市街に出かけるという一行と別れ、回復してはいたが体調いまひとつの眞也とホテルに帰る。

加齢は得るものより失うものが大きい

今朝は荷物を放り込んだだけでゆっくり眺める時間もなかったが、エスターホテルはロビーや階段、廊下だけではなく部屋の内装も長い年月を感じさせるしつらえだった。

壁にかけられている写真を見ると一九〇六とある。創立直後の外観だったが、玄関付近のテラ

第六章

豊かで美しい中欧大平原にモンゴル軍大遠征を追想したこと

6月9日（火）

スがない、オープンカフェ用のテントやパラソルがでていない、樹木が小さいという三点が異なっているだけで、あとは今と変わらない。縦に長い窓、玄関の石段、ほとんど庇のない屋根、すべてがそのまま残されている。一〇〇年以上、外観を変えない頑固さが気に入った。

ベッドで横になろうとしたら、ベッドの脚にしこたま向う脛をぶつける。ぎゃっと呻いて、そのままベッドに倒れこみ痛みを我慢する。

この脚は、その後も数回ぶつけた。どうしてぶつけるのだろうと、ベッドカバーをはいで調べたところ、脚がベッドマットより数センチ飛び出している。こんな脚を設計した家具職人の顔が見てみたい。

痛みを我慢しているうちに、疲れが抜けた。

スーツケースの中から、洗濯物がはみだしている。ワルシャワでの風邪による発汗で何枚か着替えたため、替えの下着がないことに気付く。クリーニング・サービスがあるかどうか確認しようかと思ったが、バスタブを使った洗濯方法を思い出し、熱めのお湯をバスタブに溜める。一〇センチほど溜まったところに洗剤をふりかけ、泡立ててからシャツ三枚、パンツ、Tシャツ、靴下各四～五枚を放り込む。あとは、原始的に踏む。踏んで踏んで踏みまくる。シャツの襟がよじれているが、干すときに引っ張ればよろしと、遠慮せずに踏む。

ここまでは、たいして苦労しなかったが、すすぎに一苦労する。

クラコフの水は硬水なのか、洗剤が落ちにくい。バスタブのお湯をかえて夢中になってかきまわすこと数度、ようやくすすぎのお湯が透明に近くなったところで絞る。なかなか水気が抜けない。えいやっと掛け声をかけて絞りあげてみても、洗濯物はまだ濡れている。老化による握力の低下は悲惨なものである。

ここ数年、若いころは当たり前のようにできていたことが、できなくなっていることに気付かされる。しばし考え込み、老化とは、加齢によって得たものより失ったもののほうが大きいことなんだな、と納得する。

ホット・バーにかけようとしたが、温度調節をHに回しても冷たいままだ。ベッドの脚に続いて、申し分ないエスターホテル二つ目の欠点だった。

日本の駅売店にそっくりなポーランド・キオスク

ハンガーにかけて干し終わり、煙草を吸おうとベッドに放り出していたジャケットのポケットをさぐる。右手親指の付け根がぴりっと痛む。見ると、皮がぺろりと剝けて、血がにじんでいる。夢中になって洗濯物をかきまわしたり絞ったりしているときに、擦り剝いたらしい。気が付いたら、急に痛みはじめた。なにかの拍子に当たったら、飛び上がるほど痛い。

フロントに下りて行って、ホット・バーの故障を告げる。親切だったさっきの女の子が、

「ゴメンナサイ、修理工ヲスグ呼ブケド、祝日ダカラ数日カカッチャウノ」

と答える。可愛らしい顔が困っていたから、即座に、

「ソレジャ、カマワナイヨ」

と答える。ついでに、

「指ヲ擦リ剝イタケド、『バンドエイド』ミタイナモノハアル？」

と聞く。傷口を見て、眉をひそめたその表情もなかなかよろしい。

「チョット待ッテテネ」

と答えて、引き出しの中からガムテープを出してくる。

擦り剝いた傷口にガムテープかいと、一瞬退くが、よくよく見ると必要な幅だけ切って使うバンドエイドだった。鋏ではなくカッターナイフで切りとろうとする。あまり器用そうではないその手つきにはらはらしたが、四枚を切りとって、フロント・カウンターから出てくる。

「貼ッテアゲルカラ、手ヲ出シテ」

と微笑み、右手首をそっとつかんで引き寄せる。ひんやりした指が心地よい。近眼気味なのか顔を寄せて、ていねいにバンドエイドを貼ってくれる。ＢＯＳＳディープレッドの香りがする。マルタさんも使っていたことを思い出し、ポーランドの女子大生に好まれる香りなのかなと納得する。

残りのバンドエイド三枚を貰う。

「『バンドエイド』ハドコデ売ッテイルノ？」

と聞く。これくらいのバンドエイドでは、今日中に使ってしまうからだ。

「アソコノ小道ヲ抜ケテ左ニ曲ガッタラ『キオスク』ガアルワ、デモ今日ハ開イテイルカシラ……」

と、彼女はホテルの窓から指さしながら小首をかしげる。

「ウン、ワカッタ、ドウモアリガトウ」

とお礼を言ってホテルを出る。

広場をひとりで歩き出したら妙に足が軽くなる。可愛らしく親切な女の子の威力はなかなかたいしたものである。ひとりになったから元気になったのかもしれないな、と考えると、団体行動不適格者と決めつけた旧い友人をまた想いだす。

教えられたとおり、小道の先には大通りがあり、左手にキオスクがある。ポーランドのキオスクは、日本の駅売店そのままである。違っているのは、支払いや商品受け渡しするための窓口が高さ一五センチ、幅三〇センチくらいしかなく、頑丈な鉄枠で店全体が囲われているところだ。

クラコフ街角のキオスク（©Arek Olek）

治安が悪そうには見えないが、人通りの絶えた夜には物騒なことも起きやすいからだろう。近づくと伸縮式のシャッターが下りている。窓口から中を覗き込んでみたが、店員はいない。

二ブロックほど先にもう一軒のキオスクが見える。歩いていく。こちらもシャッターが下りている。四つ角を左に曲がってもう少し歩くと商店街になった。どの店もクローズしている。フロントの女の子の「開イテイルカシラ」を思い出す。トモの結婚式は土曜、日、月がワルシャワで今日は火曜日、平日だぞと指折ってみたが、飲食店以外はクローズしている。あとでトモに聞いたら、この日は『聖体降霊日』とかいうカトリックの祭日初日だった。

有色人種が見当たらないポーランド

思わぬクラコフ散歩となり、ふわふわ歩いていると、城壁が見えてきた。ホテルのすぐ脇に城壁があったことを思い出し、歩いていくと広場の南端に出る。そのまま、ホテル前のオープンカフェで紅茶を飲んでひと休みする。

八時を回っていたが、あたりはようやく暮れなずみはじめたばかりだ。昼の陽光にあたためられた石畳からの熱気が、この時間帯になると硬く冷涼で少し湿って吹く風と混ざり合う。昼がゆっくり後ずさりし夜が静かに訪れ始めるひととき、行きかう人びとを眺めていると、黄昏時におぼえることの多い心のざわめきが、ふしぎに薄くなる。

眺めながら、ふっとなにか違和感を覚える。煙草に火をつけたとき、その違和感がどこから来たかに思い当たる。街の中は白人ばかりだ。東洋人らしき人影が見えないのは気付いていたが、黒人、アラブ人など有色人種もいない。まったくいない。

思い出してみると、ポズナン、ワルシャワでも見なかった。記憶に残っているのは、共にアラブ系の、ポズナン空港での親子連れとワルシャワのホテルでエアコンを見てもらったボーイしかいない。

ポーランドは、有色人種が観光、あるいは仕事に就くのに未成熟な国なのかもしれない。そんなよしなしごとを考えていたら、東洋人御一行様がやってくる。もちろん、我がファミリーである。

浄子が、

「お腹がすいた、ご飯はどうするの?」

と聞いてくる。遠くまで出かけるのが面倒だったため、眞也が見つけた、ホテルから二軒ほど離れたユダヤ料理店はどうだと答える。衆議一決、三〇分後ホテル・ロビーに集合となる。

座ったまま、皆が出てくるのを、広場を眺めながら待つ。あいかわらず有色人種を見ることはない。

ポズナンの空港で、トモはよい度胸をしていたなと感じたが、日本人を含め有色人種がごく少ないから居心地がよくて住みつき、ついでに亭主もポーランドで用立てたのかもしれないと思う。ものごとの感じ方は、その時々によって変わって行く。おもしろいものである。

みなが揃ったところで、『アヴィフ』というユダヤ料理店に入る。八人いたため、半地下のよい席に案内してくれた。例によって、適当なメインディッシュを四～五皿とサラダを頼む。料理が出てくるまで、ビール、ズブロッカで乾杯する。

ヴィエレチカ観光で、ちょっとしたトラブル

後々まで、吉留をからかうできごとはその直後に起きた。

カミさんが、恒例となっていた翌日の行動プランを説明しはじめた。

明日は午前中にアウシュヴィッツに行き、午後からヴィエレチカとかいう世界遺産の岩塩採掘抗跡に行くと言う。アウシュヴィッツに行ったあと、観光地のようなところに行くのは気が進まない。かつて、このような収容所があったという事実について、ゆっくりひとりで考える時間がほしい。

そこで、カミさんの気分を害するかなとは思ったが、

「ま、行きたい人は行って、行きたくない人は行かなきゃいいんじゃない」

と小声でつぶやいてみた。すると、カミさんは、

「ヴィエレチカはすばらしいところだ、ぜひみんなにも見てもらいたいたい」

と力説する。我らファミリー一同は、どうでもよいという顔をしている。

突然、吉留が大声で、

「都立大学教授の奥さんが、せっかくセッティングしてくれたんだ。行かないなんてとんでもない!」

と怒鳴り始めた。

一瞬、こ奴ズブロッカを飲みすぎたのかと顔を見た。

編集者という人種は、相手の肩書がなんであろうと屁とも思わぬ、ある種の傲慢さを持つ。どのような肩書であろうとも、相手が敬意を払うに値する仕事をしていたら素直に叩頭するが、肩書そのものに敬意を払うことなどまず考えられない。大学教授? だからどうした、と発想するのが編集者とばかり考えていたが、吉留がこんなことを言うなんて、正直驚かされた。

カミさんは、思わぬ援軍を得て、岩塩鉱の素晴らしさを話している。こうなったら、逆らうのは無駄だ。流れに身を委せるしかない。一同、明日はカミさんの言うとおりにしようということになる。

このレストランもいうまでもなく喫煙は戸外だ。酒を呑まないため、先に食事を終えて食後の

シガリロを吸っていたら、吉留が出てきた。

「あんた、正気かい？」

と小声で尋ねる。微醺をおびた吉留は、気持ちよさそうに、

「どうしたの？」

と聞き返す。

「どうしたもこうしたも、大学教授だからはねえだろ」

と言うと、一瞬言葉に詰まっていた。

「いや、この旅行では奥さんが一所懸命にアテンドしてくれている、その奥さんがすすめているのだから、興味があるなしにかかわらず行きたいっていうのが礼儀じゃないかい」

と、なんだかとってつけたようなことをもごもご言う。説得力はあまりなかったが、ま、から
かう話題にはなるのかなと思い、

「ふーん、そんなものかねえ」

と答えておいた。

生まれてはじめてのユダヤ料理だったが、吉留のおもしろ発言もあって、値段は憶えていない。可もなく不可もない、ごくごくふつうの夕食をすませてから、ホテルにもどるとき、正が吉留のそばに近寄りニヤッと笑う。吉留も笑い返す。これから飲もうというのだ。

クラコフで思い出す穂高CCの酒席

ロビーでは、今朝がたの女の子にかわって青年ふたりがフロントにいた。カミさんは明日のアウシュヴィッツ、ヴィエレチカをまわるタクシーのチャーターを依頼している。青年のひとりが、電話をしてOKサインを出す。話がまとまったらしい。

迎車は明日朝九時三〇分、一日のチャーター代はチップ別でひとり三二〇ズロチ（一万二四八〇円）と言う。八人だと二五六〇ズロチ（九万九八四〇円）、チップを加えて一一万円は少し高いかなと思うが、クラコフはポーランドの京都・奈良である。観光地値段に加えて外国人値段だから、ま、こんなものかとも思う。

ともかく明日の予定について報告に回る。最後に正の部屋に行ったら、吉留ともう酒盛りを始めていた。そのまま酒席に連なる。

エスターホテルの窓は、上端を室内に引き寄せるタイプである。我が家もそうだが、日本でよく見る下端を外へ押し出すタイプではない。にわか雨が降ってきたら、室内に降りこまないのかしらんと余計な心配をする。

うだうだと、愚にもつかない話をしている時間が心地よい。窓からそよ風が入ってくる。クラコフの夜風は、硬く

エスターホテルの上品な室内

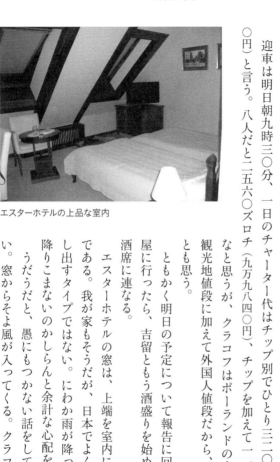

冷涼で少し湿った風である。煙草の煙をゆったり室内に漂わせる。吉留が眼を細めながら、

「穂高の夜みたいだね」

と言う。正が水割りを作りながら頷く。

「穂高の夜」とは、もう三五年も兄弟と吉留とでゴルフに通っている長野・穂高カントリークラブのことだ。はじめは、長兄の義也、吉留、従兄の河合洋とで通っていたが、我が五人兄弟に加えてカミさんの父親である秦進也、河合の妹原澤絹江なども参加するようになり、毎夏、濃密かつ愉快な時間が過ごせた。

三五年という歳月には、別れもあった。河合洋は重篤な病に倒れ翌年には去り、義父の秦進也も、もう一度穂高でプレーしたいと病院で日記に書き残していたが、願いは叶わなかった。人、来たりて去るを教えてくれたのも穂高の日々だった。

何度ラウンドしてもあきない穂高カントリークラブというゴルフコースも魅力だったが、夜になっての酒と馬鹿話は捨てがたかった。仕事について、女について、傍から聞けば酔っ払いの戯言かもしれぬが、そこには一片の真実も隠されていた。

二〇代半ばから、家庭人としてはまったくの落伍者ではあったが、社会学者、精神科医、編集者という職業人としてはたいそう上等な男たちが、至極真面目に口角泡をとばして語り合う場に居あわせることができたのは、誠に幸運であると同時に贅沢な時間を過ごせたと思う。三文の価値もないと思い込んでいた哲学、神学から心理学、社会学までのリベラル・アーツが、生きる上でどれほど大切か気付かされた一刻でもあった。

第六章
豊かで美しい中欧大平原にモンゴル軍大遠征を追想したこと
6月9日（火）

同時に、酒席での馬鹿話で話題に多く上ったのが我が兄弟の母親だった。

「若いころは確かに美貌だったが中身はひどいものだ、あんな嫌な女はいないな」

という義也の言葉がそれでも好意的な母親評であった。五人の息子たちは、思いつくままに母親の悪口を言い、心の底から他人に頭を下げたことがないと嘯く母親の傲慢な生き方を否定し嫌悪した。それでいて無視できず、酒を呑んだら母親を話題にのせていた。

トモがまだ小学校四年生のころ、正月の宴席上だったか、我が兄弟による母親への悪口雑言を聞いたあと、義也に、

「オッチャンやおじちゃんたちって、マザコンじゃないの？　だって、うちのお母さんをはじめ、オッチャンたちの奥さんはみんなおばあちゃんそっくりだよ」

と不思議そうに言ったことがあった。我が兄弟一同、この無邪気な、それでいて屈折した母親への感情を抉り抜いたひとことに首うなだれて、力なく笑うしかなかった。しばらく経ってから、義也は言った。

「男なんてのは、サカリのついた犬っころみたいなものだな。ちょっと気の利いた女だったら、一〇歳かそこいらで、もう本質を見抜くんだ。かなわねえなあ……」

正がグラスをもったまま気絶している。クラコフで穂高の夜を思い出すとは思いもよらなかった。部屋に帰ると二時を過ぎている。一〇〇歳の母親の顔が浮かんでくる。還暦過ぎて、頭の中はサカリこそついていないが犬っころ同然の末息子は、ため息をつきながらハルシオン〇・五錠を服み、すぐ眠る。

第七章

六三本の線と髪の臭い、窓外の荒涼とした風景に打ちのめされたこと

六月一〇日（水）

チャーターしたタクシー代が大幅ダウン

朝食をとりにレストランに行く。エスターホテルのレストランは小体だが洒落たつくりで、ワルシャワの体育館レストランとは大違いだ。ロビー越しに外を見たら、フロントの青年が陽ざしのなかでホテル前の広場にオープンカフェをセットしている。煙草を吸いに出て、青年に、

「ココデ朝食ヲ摂ッテヨイカ」

と聞くと、

「モチロンカマワナイ、『レストラン』デ好キナ料理ヲドウゾ」

と答える。

さっそくレストランにもどり、適当な料理を選ぶ。青年とのやりとりをきいていたのか、厨房から料理を運んでいた女の子が金属製のトレイを貸してくれた。

6月10日(水)

朝陽のなかで食事していると、吉留が来て、

「トモちゃんはタフネゴシエーターだなあ」

と言う。なにがなんだかわからず、

「そうかねえ」

と気のない返事をしたら、

「あんた、奥さんからなにも聞いていないのかい」

と言われた。よくよく聞いてみると、今朝早くポズナンのトモから電話があり、アウシュヴィッツ、ヴィエレチカ観光にひとり三二〇ズロチ支払うとカミさんが言ったところ、そりゃボリすぎだ、私が交渉してみるということでエスターホテル紹介の業者とやりあったらしい。

エスターホテルの親切だったウエイター

交渉数分で、価格はひとり二五〇ズロチ、八人で二〇〇〇ズロチまで下げさせた。
「勘弁してくださいよ、これ以下は足が出る」
「冗談じゃない、まだまだ高い」
という万国共通のやりとりがあって、業者は当初価格の半分であるひとり一六〇ズロチまで下げてきた。トモはまだ高いと言って、クラコフの他の業者にもあたり、結局、八人全員でチップ込みの八〇〇ズロチで話を付けたという。二五六〇ズロチ(九万九八

四〇円）が八〇〇ズロチ（三万一二〇〇円）と大幅プライスダウンになったのだ。

ブリヂストン・シュテチンの社長秘書という肩書だが、トモ曰く仕事内容は総務課付け、平たく言うと実際の業務内容は役人との許認可書類のやりとり、赴任してきた日本人社員家族のアテンドがほとんどどとのことだったから、日常生活の交渉ごとには慣れっこなのだろう。

「奥さんとのコミュニケーション不足だよ」

と吉留から叱られているうちに、全員が外に出てくる。

高速運転しながら辞書を引く

約束の九時三〇分きっかりに八人が乗り込める大型ワンボックスカーが迎えに来た。中年の運転手が下りてきて、ドイツ語なまりの強い英語でトモから指示があり迎えに来たという。

アウシュヴィッツはクラコフ西方四〇キロにある。

さほど広くもない道幅の一車線を、ワンボックスカーは当然のように一二〇キロ前後で走る。助手席に乗っていたら、はじめは怖かったが一〇分も経つと慣れてくる。人間の適応力はたいしたものである。

クラコフまでの旅客機から眺めた田園風景が地上で広がる。

そよ風に木々はそよぎ、農家の庭先にはコスモスに似たオレンジや黄色の花が咲き乱れる。明るい日差しが降りそそぎ、立木の間に張ったロープに洗濯物が干されている。眞也が披露宴の席上で、昭和三〇年代の日本とよく似ていると言っていたことを思い出す。

第七章

六三本の線と髪の臭い、窓外の荒涼とした風景に打ちのめされたこと

6月10日（水）

大地がゆるやかにうねるポーランド農村地帯

一二〇キロに慣れて、つい、運転手のおっさんに、

「赤イ実ヲツケタ街路樹ハナンテイウ樹ナノ？」

と聞いたのがいけなかった。なんとおっさん、英語で答えようとアクセルは踏みっぱなしで、ダッシュボードから辞書を引っ張り出し調べ始めたのだ。あわてて止めたが、平然とOK、OKと言いながら辞書のページを繰る。対向車がくると、ちらっと前を見るだけだ。ようやく見つけたらしく、肘でハンドルを押えながら、こちらに体を向け指先で樹の名前を示す。

「ワカッタ、アリガトウ」

と言う声が震える。

こりゃあ、余計なことは言わないにかぎるなと思うが、おっさん、サービス精神満点で、アウシュヴィッツに着くまでなんやかやとポーランド訛りの強い英語で話しかける。聞き取れないと辞書を持ち出すから必死で聞き取り、当たり障りのない返事でごまかす。

小さな村に入ったとき、急に渋滞がはじまった。ポーランドに来て初めての渋滞である。

どうかしたのかと見ていたら、一〇〇人以上はいる村人の

行列に出くわした。先頭は礼服に身を包んだカトリックの司祭でふたりの助祭を引き連れ、その後ろにマリア像を飾ったお神輿が続く。昨日に引き続き『聖体降霊日』の行事らしい。徐行しながらお神輿行列を追い越し、あっというまにアクセル全開で一二〇キロまでスピードが上がる。

視覚が嗅覚を支配する

アウシュヴィッツに着く。駐車場で運転手と時間を合わせて、帰りの待ち合わせ場所を決める。入り口は混んでいた。高校生らしき少年少女たちが列を作って入場を待っている。この日は『聖体降霊日』二日目で、学校はお休みらしい。我々は、一般用の入場口から入る。混んではいたが待たされるほどではなかった。

あの有名な『ARBEIT MACHT FREI』の文字でアーチを描いた正門を入る。昔の小学校校舎に形状はよく似てはいるが、木造ではなく煉瓦造り二階建ての建物が並ぶ。見た瞬間、五〇年以上前に住んでいた、世田谷・二子玉川の牧師館を思い出す。そのころ、牧師館で同居していた長兄の義也の部屋で見つけた本があった。タイトルは『夜と霧』、ヴィクトール・フランクルのあまりにも有名なアウシュヴィッツ捕囚記である。

言葉にするのも恥ずかしいが、中学二年生くらいの少年は、文字通り「サカリのついた犬っころ」である。『夜と霧』を夢中になって読んだきっかけは、今、見ている煉瓦造り二階建ての建物の前で、全裸でドイツ兵の間を走り抜けるユダヤ人女性の写真だった。犬っころにとって、アウシュヴィッツは全裸の女性を意味していたのだ。

第七章
六三本の線と髪の臭い、窓外の荒涼とした風景に打ちのめされたこと
6月10日(水)

アウシュヴィッツ、囚人の三段ベッド

ひとりふらふらと歩きだす。団体行動がとれないことをわかっていたからか、だれも呼び止めたりしない。

赤茶けた煉瓦壁に小さな窓のある建物に入ってみる。見学コースからはずれていたため、あたりに入場者はいない。静かでひんやりした長い廊下の左横に、ユダヤ人たちの生活空間が広がる、三段ベッドの寝室、穴が開いただけのトイレ、食堂、大きな竈がある厨房——、どこか作り物の映画のセットのようで現実感がない。

ぼんやり見て歩くうちに、妙なものが目についた。木造の粗末なベッドのヘッドボードに薄い傷がある。ガラス越しに見るがなにかわからない。カメラを取り出し、望遠レンズにして見る。はっきりと四本の縦線に一本の横線が見える。かぞえてみたら、一二個の五本線と三本の縦線で終わっていた。

この線が日付をあらわしていたとすれば、囚

人は六四本目の生きている印しをつけられなかった。ガス室に送られたか、重い病気で部屋を変えられたか、それはわからない。しばし呆然となる。現実感のない空間に、かつて六三日間だけここで生活していた人間の匂いがたちこめる。そこにだけ残された事実の痕跡に圧倒される。

建物を出て歩きはじめる。一〇メートルも歩かないうちに少し大きな建物がある。石段を数段あがって入ってみる。

中には、写真のパネルが並ぶ。ハンチングをかぶり厚手のコートを着た少年が、ユダヤ人の列から離れて両手をあげている写真が目につく。みすず書房から刊行された『夜と霧』の表紙にも使われていた写真だ。はっきりおぼえている。

先に進むと、妙な臭いがする。長兄の義也が大町市の農家の離れを借りてひと夏を共に過ごしたとき、農家屋根裏の蚕部屋が似たような臭いだった。通路を曲がった瞬間、臭いのもとがわかる。一〇〇平米以上はあろうかというガラス張り展示室に山と積まれた人髪だった。

視覚が嗅覚を支配することもあるという。七〇年の歳月が過ぎているのだから、髪の臭いがするなんてことはありえないと言い聞かせる。ブロンドやブルネットの濃いの薄いのから白髪まで、髪の毛の山を見ながら歩く。

臭いが強くなる。思わず速足になる。眼をそらす。見たくないものを見て、全身がだるくなる。視覚、嗅覚を殺してみるが、臭いは鼻腔に残る。ユダヤ人の鞄や靴の展示を見ながら、網膜は髪の毛の山に残る。

建物を飛び出す。禁煙かどうか確認もせずに、食後のためにとっておいた残り少ないシガリロに火をつける。濃い煙が立ち込める。ようやく一息つく。

ささくれを慰めた強い体臭

そのあとの記憶はかすかだ。収容所所長のルドルフ・ヘスが絞首刑になった絞首台、鎮魂の花束が飾られていたユダヤ人を銃殺した処刑場などが、おぼろげに思いだされる。

あたりが急に暗くなる。湿っぽい風が吹いてくる。雷鳴が轟き稲妻が空を駆け、大粒の雨が降り始めた。そばにあったコンクリート造りの小屋に飛び込む。

六〇平米くらいの広さで出入り口のドアしかない小部屋があり、床にはレールが敷いてある。レールの先は黒く煤で汚れた上下左右四つの燃焼窯のあるもうひとつの小部屋に続く。小屋がなにかわかる。ガス室兼死体燃焼室だ。

アウシュヴィッツ、ガス室兼死体焼却室

この小部屋で処刑されたユダヤ人たちは、流れ作業的に燃やされていたのだろう。七〇年前の、人体の脂から出た黒煙が燃焼窯から漏れ出し、壁や天井にまだ黒くこびりついて残っている。黒い滲みに触れようとして伸ばした指先が、なにかに止められ押し戻される。

雨宿りにはいってきた収容所訪問者たちは、この部屋がなんであったか理解したとき、だれもが無表情となる。次々にはいってくる訪問者たちで小屋の中は立錐の余地もなくなる。雨に濡れて強くなった体臭と香水などの人いきれで室内が満たされる。日常生活では不快な臭いであろうが、この部屋ではその臭いに生命を感じられて、ささくれた心がわずかに静まる。

開高健は、

「すべての言葉は枯れ葉一枚の意味も持たないかのようであった」

とこの地で言ったが、言葉の意味を感じる余裕すらなかった。アウシュヴィッツでの思い出は、ただただ、縦線と横線で印された日付と髪の臭い、それに壁の滲みにつきている。

人ごみの中で吉留と会う。いつもは素速っこい編集者らしい眼が、どんより淀んでいる。同じような眼をしているのだろうな、と気付く。なにも話さず、しばらくして外に出る。

雨は小降りになっていて、遠くから雷鳴がかすかに聞こえる。雨上がりのアウシュヴィッツは草も花も樹木も美しい。渭城《いじょう》ではないが『朝雨軽塵を浥《うるお》す』である。雨水をたっぷり含んだ風が、土の匂いも運んでくる。正常な視覚、嗅覚がようやく甦ったような気がする。

「日本の高校生も修学旅行でここに連れてきたらいいな」

とポーランドの（もしかしたらオーストリアかチェコの）高校生らしき少年少女の団体を見て、吉留が呟く。うなずきながら、

「ジジイふたりをどんよりぐったりさせるこの刺激は、一〇代の少年少女にとってどうなんだろう」

と問い返す。

「河合洋や秦進也などを見送ってきただけ、俺たちのほうがこの場所の生と死に敏感なのかもしれない」

という答えが吉留から返る。再びうなずく。

若さが持つ、まだまだ死を身近なものとしていない強さが羨ましくなる。

希望や生きようとする意欲をすり潰すビルケナウ

いつのまにか、出口に全員が集まっていて、近くのレストランで昼食をとる。ビュッフェ方式で、好きな料理を皿に取りその場で料金を支払う。ポーランドではどこで食べても旨かったマッシュポテトとソーセージに紅茶、硬い黒パンで五ズロチ(一九五円)は、負の世界遺産アウシュヴィッツにしては良心的な勘定である。

ビルケナウ、鉄道引き込み線を通す本館正門

約束していた時間に、駐車場で運転手のおっさんが人懐っこい笑顔を浮かべ迎えてくれる。車に乗り込み、ビルケナウへ向かう。

突然、フロントウインドウに大量の雨水が吹き付ける。ワイパーもほとんど役に立たない。視界は一〇メートルくらいしか効かず、木製の電柱が揺れ、強風で電線が縄跳びの縄のようにくるくる回っている。台風の時にも見たことがない、奇妙な風景だった。

驚く我々に、おっさんは微笑みながらOK、OKを繰り返し安心させようとする。さすがに車は五〇キロ以下にスピードを落としていた。

ビルケナウ、ユダヤ人終着地の降着場

悪天候のせいか、アウシュヴィッツから車で数分なのに、ビルケナウに観光客はほとんどいない。おっさんがビニル製の簡易レインコートを人数分貸してくれる。着こんでビルケナウ正門を入る。

写真で見慣れたまっすぐに伸びる鉄道引込線を、本館正門の塔の上から見下ろす。遠くに停車場跡がある。このプラットホームでユダヤ人老若男女を区別し、それぞれの収容所、あるいはガス室に送り込んだのだ。

ユダヤ人だけではなく、ソ連軍捕虜などの収容者が急増したため、アウシュヴィッツ第二収容所として建設されたビルケナウには、本館以外、ガス室など多くの施設が破壊され残っていない。正門右手に木造の朽ちかけた収容所が何棟かならんでいるだけだ。

雨が小降りになったので、塔から降りて線路を越え、一番手前の棟に入る。アウシュヴィッツのように訪問者向けの整備はなにもされていない。七〇年前のままである。歳月で歪み、木目の浮いた窓枠に近寄る。ユダヤ人たちが見たであろう風景が窓越しに広がる。

空は一面黒灰色の雲で覆われ、時折、ほんの時折強風で雲が割れて青空を覗かせる。すぐに、

第七章

六三本の線と髪の臭い、窓外の荒涼とした風景に打ちのめされたこと

6月10日（水）

千切れ飛ぶ黒い雲が青空を隠す。地は山もなく、丘もなく、ただただ荒れはてた平原が広がる。初夏だというのに、生命のかけらすら見当たらない。トモから、ビルケナウ収容所の窓から見た風景は、希望や生きようとする意欲をすり潰すと聞いていた。その通りである。

遠くにも収容所が数棟ずつ散在している。行ってみようかと思ったが、窓からの風景に打ちのめされ疲れ果て、歩こうという気力がわかない。

ビルケナウは、アウシュヴィッツとは違った重苦しさがあった。ここに押し込められて、ユダヤ人たちがなにを感じ、なにに希望を見出しか、追体験できそうな思いがする。アウシュヴィッツではこの世離れした狂気を感じたが、ビルケナウでは現実感ある恐怖を感じる。感情欠乏症であり、たいがいのことは打っちゃれる無神経さを持っていたはずだが、ここでは木端微塵に粉砕される。一刻も早く立ち去りたくなる。

最後に、もう一度本館正門上の塔に上がる。はるか遠くまで荒れ野が広がり、黒く濡れた収容所棟が散在する。雷鳴が轟き、また雨足が強くなった。たちまち収容所棟は雨ににじんで姿を消す。見えるのは、足元からまっすぐ伸びる赤錆びた引込線のレールだけだ。

照明のない塔の中は暗くなり、稲妻の光が殺風景な室内を照らす。限度だった。足早に狭い階段を正門アーケードまで下りる。正門わきにある小さなショップの照明に救われる。入って、何冊かの写真集を求める。浄子が唇をへの字にして本を買い込んでいる。覗き込むと、フランス語の案内書だった。語学ができるのは羨ましいなと思う。

事故渋滞に続く工事渋滞

全員が揃ったところで、再び車に乗り込む。八人それぞれが、それぞれのなにかを感じたらしく、重苦しく黙り込む。運転手のおっさんは、客のこんな変化には慣れっこらしく、黙々と運転する。

一五分も走ったとき、道路に直径五センチはあろうかという太い樹の枝が散乱し、畠の小麦、道端の野花がなぎたおされていた。枝の端はねじ切られたようにささくれだっている。

「ナニガアッタノ」

と、おっさんに聞くと、

「トルナデ」

と答える。トルナデ？　首をひねっていると、当然のように辞書が出てくる。太い指先がTORNADEを指す。竜巻が起きたようだ。先刻の嵐は竜巻の余波だったことがわかる。

すいていた道が渋滞し始めた。またお神輿行列かしらんと思い、窓から身を乗り出すが、周りは畠だけだ。一〇分ほどノロノロ運転が続く。

おっさんが「ヒーア」と指さす。見ると、バスが小高くなった道路からすべりおちて、車体後部だけが道路上に残り、車線を塞いでいる。おっさんは、ハンドルから両手を離し、ぐるぐる回しながら「トルナデ、トルナデ」と言う。どうやら竜巻に巻き込まれたバスの運転手が、運転を誤って道路から飛び出したらしい。

事故を目撃すると、慣れていたはずのポーランド流運転が少し怖くなる。事故現場を抜けたら、当然のように一二〇キロ走行が始まったからだ。

ところが高速走行も数分だった。また渋滞がはじまる。お神輿行列、事故と来てこんどはなんだろうと思ったら工事だった。片側車線を完全に止めて、交互通行としている。交通量の少ない祝祭日に工事をするのは、洋の東西を問わないらしい。

おっさんがさかんに謝っている。クラコフからアウシュヴィッツに走った道を戻らず、ショートカットして早く到着しようとしたが、

「『アクシデント』デ時間ガカカリ、モウシワケナイ」

と言う。

「気ニスルナ、オ天道サマニハカナワナイ」

と慰めておく。

岩塩鉱に見る重労働の痕跡

ヴィエレチカはクラコフ南方七キロにある。距離からいけば、アウシュヴィッツから一時間もかからないはずだが到着したときには三時を回っていた。

最終入場時間にはなんとか間に合い、チケットを買う。写真撮影料込でひとり五六ズロチ(二一八四円)は高い。まちがいじゃないかと入場料を見直したが、46Zt で写真撮影料 10Zt と明示されていた。

さすが世界遺産だけのことはある。ただし、かならずガイドが付く。日本語ガイドもいるそうだが、英語ガイドの組しかなく、一〇分ほど待ってから、一五人ほどの観光客と入場する。

ヴィエレチカ、剥製荷馬のジオラマ

きれいな英語を話したヴィエレチカのガイド

老人、乳幼児連れ、身体障碍者はエレベータで地下まで降りるが、我々は縦穴に固定された木製の階段を徒歩で降りる。左回りに階段を降りていたら、荊子さんが踊り場でくるりと右回りに一回転してから降りている。

「どうして右に回るんですか?」

と聞くと、

「同じ方向ばかりに回って降りていると、眩暈がするようになるからよ」

と教えてくれた。なるほど、立ち止まると少しふらふらする。右回り降下を試したら、効果抜群で眩暈がなくなった。

みんなにも教えてから、どこでおぼえたのかを聞くと、ドイツだと言う。古城の塔を上るときはゆっくりで休み休みだからよいが、降りるときはどうしても駆け下りるから同じ方向で降りていると眩暈がする、踊り場で逆に回るようにと、ガイドに教えてもらったそうだ。

階段を降り始めてずいぶん経つ。ようやく幅三メートル、高さ二メートルくらいの坑道を歩き出す。薄暗い照明に照らされたつるつるで黒光りしている壁は、岩ではなく岩塩だとガイドが説明する。

黒い岩塩なんてあるのかしらんと、爪を立ててみたが硬くて歯がたたない。ライターの金属部分でこすると少し削れた。なめてみる。塩っぱい。なるほど岩塩である。

歩いていくと、一〇歳前後の少年少女が岩塩を掘っているジオラマがある。北九州の炭鉱でも、細い坑道で採掘するとき、体の小さな子どもを使ったと聞いたことがある。古今東西を問わず、業突く張りの考えることは同じである。

少し先に荷馬のジオラマもあった。

「荷馬ハ一度コノ岩塩鉱内ニ下ロサレルト、死ヌマデ地上ニ出ラレズ働カサレ続ケマシタ」

とガイドが言う。クラコフ中央広場で観光馬車を牽く馬の、焦点がどこにもあっていないような眼が浮かぶ。

上ったり降りたりしながら、坑道は続く。ところどころが広くなっていて採掘当時のままの滑車やトロッコが残されている。巨大な岩塩鉱で、中世から近世にかけてのポーランド経済が、ここからの岩塩で潤ったことに納得させられる。その陰で、子どもから老人まで、この鉱山で働いていた労働者と荷馬の重労働はいかばかりかを思う。

明るい照明に浮かび上がった、一〇〇〇平米以上はあろうかというホールに出る。正面に十字架が飾られている。地下の礼拝堂である。壁は岩塩そのままに白く輝いている。さっきなめた坑道の岩塩は、塩分と同じくらい数百年のごみやほこりを吸い込んで黒かったのだなと気付く。

カトリックの礼拝堂は、クラコフの聖マリア教会もそうだったが、重労働とペアになっているようである。

アウシュヴィッツ、ヴィエレチカと、ともに弱者の虐げられた生活を見せつけられ続けると、そろそろげんなりしはじめる。ガイドが地上へのエレベータまで案内してくれたときは、心底ほっとする。

エレベータに乗る。二メートル四方くらいしかない二階建ての小型エレベータ上階に我ら一同は押し込まれる。工事現場によくあるような照明なし、周囲は金網という造りだった。

これが、猛烈なスピードで上昇する。揺れる揺れる、どうなることかと心配になる。天井がないから、ワイヤロープがこすれあう音が響く。エレベータ抗のところどころに設置してある照明が、次々に上から下へと流れてゆく。

保証金は異国での生活技術

地上に着いた。待たせておいた運転手のおっさんにエスターホテルまで送ってもらう。車中、トモから電話があり今日一日の運転手の働きぶりを聞いてくる。申し分のないアテンドだった、と褒めておく。カミさんが替われと言うので、携帯電話を渡す。

カミさんは明朝、仕事の関係で荊子さん、浄子と先に帰国することになっていたので、

「私たち三人をまず空港に送り、次いでウイーンを回ってから帰国する残留組を同じように空港まで送らせる交渉もしておいてね」

とトモに頼んでから、おっさんに携帯電話を差し出す。

受け取ったおっさんは、一日中、得意ではない英語をしゃべらされていた反動からか、トモと猛烈な勢いでポーランド語を話しはじめる。なにを話しているか、さっぱりわからない。クラコ

フやウイーンなどの固有名詞くらいわかりそうなものだが、聞き取れない。トモがこんな言語で仕事していることに、あらためて驚く。

おっさんが携帯を突き出してきた。受け取ると、トモが今日の支払いと明朝のスケジュール、空港までの運賃を指示する。

「今日はまず六〇〇ズロチ支払って」

と言う。

「八〇〇ズロチの約束じゃなかったのか」

と聞き返す。

「確かにそうだけど、二〇〇ズロチは明朝一〇時三〇分まで迎えに来るための保証金だよ。約束して来なかったら、車の手配なんかで時間がかかり、飛行機に乗り遅れたら大変だろ」

と付け加える。気のよいおっさんをカネで釣るようで抵抗はあったが、これも異国での生活技術かと納得する。

「空港までは一組当たり五〇ズロチで話はつけた、チップは適宜に渡しておいてね」

とのことで、ポーランドの祭日とは関係のない日本企業らしく、まだ仕事中なのか慌ただしく電話は切れる。

言われたとおり、六〇〇ズロチを渡すとおっさんは帰る。ホテルの部屋に入ると口をきくのも億劫になる。刺激的な一日であった。生涯、忘れえぬ一日であった。

うとうとしていたら、電話が鳴る。吉留から夕食のお誘いである。浄子、荊子さん、カミさんは旅行最後の夜である。残留組の我々もポーランド最後の夜だ。体がだるいだの億劫だのと言っている場合ではない。顔を冷水で洗い、気をひきしめて部屋を出る。

ロビーにおりていくと、食事くらいつきあえそうな気分になる。気持ちひとつでなんとでもなるものである。とは言え、旧市街まで出かけるほどではない。できれば近場ですませたい。

三〇〇ズロチの赤ワイン

昨日のユダヤ料理店の横に、店先に大きなテーブルをセットしたポーランド料理店『アリエル』があった。

「みんなで座れるからここにしないか」

と誘ってみる。異議なしで、それぞれ適当に席に着く。いつものように、メニュを見て肉、魚、鶏料理を二、三人前ずつ注文することになる。ウエイターの青年は、きれいな英語を話し、吉留に料理の内容をていねいに説明していた。

吉留が青年にワインリストを持ってきてくれと頼む。リストを見ながら、これにしようと赤ワインを選ぶ。値段を見たら三〇〇ズロチ、その店でいちばん高いワインだった。上客と見たのか、ワインをサーブしたのは青年ではなく、店の奥から出てきた初老のソムリエだった。

テイスティングした吉留がおっという顔になり、

「正さん、いかがですか」

と正にもテイスティングを勧める。そのワインを一口含んだ正が、にこっと笑う。酒好きに言葉はいらない。口に含んだ時の表情がすべてを語る。ソムリエは満足そうにうなずきながら、ワインを注いで回る。

「この旅行に乾杯」

と吉留が音頭をとる。ワインを飲みながら、テーブルの下で一〇〇ズロチ札三枚を押し付けてくる。なんだい？　と眼で尋ねたら、小声で、

「このワインはアテンドしてくれた奥さんへ俺からのお礼だよ」

と言う。友の善意には声を高く、悪意には眼を逸らせ、は鉄則である。さっそくカミさんに声を高くして報告し、もう一度乾杯する。

吉留は気の利いた男である。思いもよらぬ振舞に、ただただ感心する。他人のカミさんだからで、自分のカミさんには、ここまで気が利かないだろうと思うが、もちろん余計なことは言わない。

ポーランド料理にしては、珍しく量が少ない。三皿ほど追加注文しようと振り向いたら、呼ぶ前に青年がすっと現れる。なかなか気が利いていてよろしい。

量は少なかったが、どの皿も旨かった。

特に白身の魚のムニエルは、口の中に入れるとほろりと身が崩れ、バタの香りと魚の旨味が口中に広がる。付け合せの香草はアサツキの先端部分のようにとがっていて、微かな苦みがバタのくどさを洗う。食欲のなかった眞也も、これは旨いなあと感心している。

大学生のアルバイトらしきウエイターの青年には、食事を終えてからチップ込みの勘定三四〇ズロチとは別に二〇ズロチほどのチップを個人的に渡す。喜んでいたが、あとで吉留から、俺も

五〇ズロチ渡したぞと言われる。ま、東洋の成金ご一同様ということで、喜んでくれたらいいんじゃないのと笑う。帰り際、覚えたてのポーランド語で、

「ゴチソウサマ、オヤスミナサイ」

を言ってみる。青年は眼を丸くして、

「オヤスミナサイ」

と返事し、長い間見送ってくれる。

一生なれない「正論を吐く人間」

食後は当然のごとく、正の部屋に誘われる。この夜は、つや子さん、浄子に眞也まで軽く一杯飲むかと集まってくる。

酒がまわり始めると、眞也の独壇場となる。話題は母親に対する悪口雑言と猥談である。眞也は、女性が同席していようがいまいがまったく気にすることなく話を落とすが、不思議に不快感がない。話術が巧みなこともあろうが、それ以上に下卑た心持ちがないからであろう。猥談ほどそのひとの品性がでるものはないと、改めて感じ入る。

眞也に関して、忘れられない思い出がある。兄弟で穂高カントリーに通い始めた頃のことだ。標高一〇〇〇メートル近い高地にある穂高カントリーは、天気がポーランド並みに変わりやすい。一六番のティグラウンドに上がったとき、大粒の雨が降り始め、たちまち豪雨となった。キャディは我々に雨具と傘を渡し、自分もあわてて雨具を着始めた。眞也は着替えているキャ

ディの後に回り、自分は濡れながら傘をさしかけている。雨具に着替えているキャディは、我々を待たせてはいけないと思っているのか、早く着替えることに気をとられ、その行為に気付いていない。

雨脚は激しくなる一方だ。キャディの着替えが終わる寸前、絶妙のタイミングで眞也は背を向け、ドライバーをキャディバッグからとりだそうと歩き出す。だれもそのさりげない気遣いを見ていない。豪雨の中、眞也はずぶぬれになったポロシャツを隠すため雨具の上着だけ着て、ひょうひょうとラウンドを続けていた。

この話を、一度だけ中小企業の経営者として高い評価を得ている旧友にしたことがある。彼は、

「うん、いい話だけどね、でも、そのキャディはサービス業としてのプロ意識に欠けているんじゃないのかな」

と反応した。

「いくらあわてていたからとはいえ、傘をさしかけられたことに気付かないなんて、キャディ失格だ、天候の急変に気付かなかったことも含めゴルファーとしては一言注意しておくべきで、それがこれからのキャディとしての成長にもつながる」

と言う。これも一理ある。納得させられる。経営者として、部下がそのような行為を受けて気付かなかったら、プロ意識欠如と叱るのは誠に正しい。

愉快な一刻を過ごした毎夜の酒盛り

眞也はマックス・ウェーバーの『プロテスタンティズムの倫理と資本主義の精神』を座右の書として広告代理店を設立、勤勉実直に働き年商一〇億を超えるまでに育て上げたが、結局は従業員数人の零細企業から大きく成長できなかったのも、このような甘い部分があったからかもしれない。

ただ、プロ意識欠如だからキャディの今後のためにも一言注意すべきだ、と正論を吐く人間より、黙って傘をさしかけられるような人間になりたい。

歴史が証明しているように、正論は、時に行き過ぎた『正論』となりがちで怖いからだ。

今日訪れたアウシュヴィッツ・ビルケナウは言うに及ばず、時代が作った『正論』が、まっとうな人間を狂気に走らせ、平然と残虐行為へと導いた例は数限りなくある。

アウシュヴィッツに残る強制収容所職員の日常生活写真を見ると、誰もが、ごく平々凡々たるドイツ人だ。職員住宅では妻子を愛し、休日には友人、家族とピクニックを楽しんでいた。そんな彼らが、ナチスの『正論』を一片たりとも疑うことなく、ユダヤ人をガス室へ送り込んでいたのだ。

自分自身を含めて、だれもが正しいとする正論への、わずかなりとも疑いの目は忘れたくないと思う。

そんなことをぼんやり考えていたら、正が水割りのグラスを握りしめたまま、いつものように気絶している。散会して部屋に戻ったら一時になっていた。風呂には入らず、歯だけ磨いてベッドにもぐり込む。ハルシオンの服用を忘れたと思いながらすぐ眠る。

第八章
ポーランドの「連帯」後は日本の「敗戦」後によく似ていたこと

六月一一日(木)

苦い歴史が刻み込まれた石畳

七時三〇分に起床、洗顔、歯磨きをすませレストランに行く。正が朝から旺盛な食欲を見せて、ローストビーフにかぶりついていた。スクランブルエッグにソーセージ、紅茶とクロワッサンという、ゴルフ場のモーニング洋定食のような朝食をとる。ゴルフ場の洋定食と違うのは、ジャムが旨いことだ。

食後、ミルクティを持ってホテル前のテラスに出る。テラスの籐椅子は座り心地がよい。幅の広い肘掛けにティカップを置いて煙草をくわえると、昨日、バンドエイドをくれた女の子が灰皿をもってきてくれる。バンドエイドの分も含めて五ズロチのチップを渡す。少し腰を落とす優雅な会釈で彼女がニコッとほほ笑む。チップを出すタイミングが、ようやく少しわかってきたような気がする。

九時になり、荷造りするため部屋に戻る。

結婚式後のパーティ席上で、酔っぱらったポーランド人のおっさんから肩口にワインをかけられた。おっさんの知人らしきひとが、ハンカチで拭いてくれたが、うっすらと滲みが残る。先に帰国するカミさんに、持ち帰ってクリーニングに出しておいてくれと頼む。トランクが重くなるとジャブ程度の嫌味を言われるが、もちろん聞き流す。

「荊子さんと話があるから、私の荷造りをしておいて」

と言ってカミさんが部屋を出たから、これ幸いとトランクのすき間にディレクターズ・スーツだけではなく黒靴も放り込む。

昨夜はシャワーを浴びていなかったが、面倒になって髭そりだけにする。バスルームに残っていた洗面道具、一昨日洗って干しっぱなしの洗濯物をロッカーから取り込み、自分のトランクに詰め込む。

一段落したのでロビーまで降りると、吉留と正が熱心に話し込んでいる。なにごとか聞き耳を立てたら、ウイーンは酒類持込みがうるさい、クラコフの空港内無税売店で買い込むポーランドのズブロッカは日本に持ち帰る分を含めて何本まで大丈夫だろうか、などと言っていた。吉留は、フロントの女の子にも尋ねている。

煙草を吸おうと思ったら、部屋に忘れてきた。吉留に貰おうと思うが、フロントお嬢ちゃんとなにやら一所懸命に話し込んでいる。三階の部屋までゆっくり階段を上り、取ってくる。エスターホテルの階段は、上り下りするだけで、見知らぬ世界に吸い込まれるような、不思議な魅力がある。

一〇時三〇分きっかりに、昨日の運転手のおっさんがあらわれる。未払い分二〇〇ズロチを渡し、荊子さんや浄子、カミさんのトランクを積み込む。三人を送り出すと、体調の回復した眞也が街歩きしないかと誘う。正、吉留、つや子さんが出ていく。いってらっしゃい、と送り出す。

オープンカフェ下の石畳にユダヤ人が整列したのか

テラスの籐椅子に座って広場に行きかう人を見ていると、ビルケナウの荒れ果てた収容所棟が思いだされる。テラスはコンクリートで舗装されているが、その先のオープンカフェのある広場は古くからの石畳だ。

ユダヤ人街から狩り集められたユダヤ人たちが、この石畳の上で整列させられ、あの収容所棟に連行されたのかもしれない。そんなことを考えていると、石畳ひとつひとつにも、苦い歴史が刻み込まれているような思いがする。

ネイルクリッパーとナイルクリッペル

煙草を吸おうとして指を見ると爪が伸びている。爪切りを借りようとフロントに行くと、若者たちはいなくて初老の男性がいた。

爪切りが英語で出てこない。ネイルカッターじゃなくって、なんだったっけ……、そうだ、足の爪を切るような大型がネイルニッパー、小型はネイルクリッパーだ……、半世紀も前の受験英語が出てくる。

初老の男性に、

「『ネイルクリッパー』ヲ貸シテイタダケマセンカ」

とヨチヨチ英語で頼む。

ハン？　とまったく通じていない。あれ？　ネイルニッパーだったかな、と言いかえてみたが、まるで駄目だ。こうなれば、ジェスチュアしかない。爪を出して、切る真似をする。男性はなんだという顔をして、

「申シ訳ナイガ『ナイルクリッペル』ハ用意シテオリマセン」

と答える。アリガトウとお礼を言って、籐椅子に戻り気付く。ナイルクリッペルとはネイルクリッパーのドイツ語風発音だったのだ。歴史的に見たら、クラコフはドイツ語圏まっただ中である。ナイルクリッペルとなるのはあたりまえかもしれない。

ドイツ語圏とは言え、フロントの女の子、昨日食事した店の青年、みんなきれいな英語を話した。これは「連帯」がおおいに関係しているのではないかと思われる。

一九九〇年、「連帯」議長ワレサが大統領に就任してから、ポーランドでは初等教育から英語が重視されてきた。それまでの外国語教育はソ連の衛星国だからロシア語が主流で、東ドイツとは国境を接していることから、ポーランド西南部はドイツ語も多く教えられていた。

ところが、「連帯」による東欧で初の共産主義政権崩壊である。九〇年代からは英語教育が主流となった。我々をアウシュヴィッツまで乗せてくれ、トルナデと言っていた運転手のように、三〇代以上の「連帯」以前組は、仕事上の必要性から英語を独学で学んでいるため、ドイツ語なまりが強くなり、以後組の若者たちは、子どものころからきちんとした英語教育を受けているため、きれいな英語が話せるのだろう。

ウカシュ君やトモにあとで聞いたところ、ポーランドなまりもあるけど、ま、おおむねそんなところだろうと言っていた。

ウカシュ君によると、以後組にも二種類あるという。

以後組前期は、共産圏だったころの貧しさを知っている。ウカシュ君もそのひとりで、硬い黒パン数個しか棚に並ばないスーパーで母親がため息をついていたこと、技術者だった父親とチェコ・スロバキアを旅して帰国の途についたとき、ドル紙幣何枚かをパンの中に隠して国境を越えたことなどを、はっきり記憶しているそうだ。

これが、マルタさんやアガタさんのように、以後組後期になると、今と変わらない生活水準の幼小児期を過ごしている。その境界は、一九八五〜六年生まれというのがウカシュ説だった。

この話には納得させられた。我が兄弟でも、初等中等教育は同じ戦後の教育を受けているが、食糧事情となると違ってくる。一九三九年生まれの眞也までは、戦争直後の食糧難を身に染みてわかっているが、四三年生まれの正からは、食べ物がなくてひもじい思いをした、という生活をしていない。

クラコフ裏通りの石畳（©MOs810）

ポーランドの「連帯」による共産主義の崩壊から、今日までに二〇年が経過している。共産主義の崩壊を、日本の敗戦にあてはめたら、日本での二十年後は一九六〇年代半ばとなる。現在のポーランド国情が六〇年代の日本のそれと似ているというウエディング・パーティで聞いた眞也説も、あながち間違いとは言い切れないように思える。

クラコフで初めて聞いた観光客の日本語

で、ナイルクリッペルである。

昨日のキオスクにもう一度行ってみる。昨日と同じで、シャッターは下りたままだ。商店街も、レストランやカフェを除くとどこも閉まっている。イースターやクリスマスならともかく、『聖体降霊日』がこんなに長く続く祭日だったことに驚く。

ついでに、ふわふわ裏道を歩いてみる。細い石畳の道が曲がりくねっていて、なかなかよろしい。異国の雰囲気がある。三〇分ほど歩きまわって帰ると、みんな帰っていた。そのまま、テラスでお茶やビールを飲む。

一二時になった。あと三〇分で迎えの車が来る。昼食は空港で摂ろうということになり、眞也、正、吉留の順序でトランクを下す。最後にトランクを下しに部屋に入ったとき、このホテルにひとりでもう数日間滞在したいな、と思う。エスターホテルは気持ちの良いホテルであった。降りていったら、ちょうど運転手のおっさんが眞也たちのトランクを積み込んでいた。フロントのバンドエイド女の子に、ポーランド語で、

「オ世話ニナリマシタ、アリガトウ、マタ来ルヨ」

と挨拶をかます。彼女は満面の笑顔でなにやらポーランド語で返事する。もちろん、なにを言っているかわからない。首をかしげたら、

「ゼヒモウ一度帰ッテ来テクダサイ」

と、英語に切り替え、車のところまで見送りに出てくれる。

クラコフ空港へは二〇分ほどで着いた。おっさんにチップ込みで六〇ズロチを渡し、トランクを引っ張ろうとすると、

「チョット待テ」

と、おっさんが言って駆けだす。すぐに巨大なキャリーカートを押して戻ってきた。全員のトランクを積み込んでくれながら、

「コノ先ハ坂ニナッテイルカラ、乗セテ行ッタホウガ楽ダヨ」

と言う。なかなか親切な運転手のおっさんであった。握手して別れる。

少し早く着きすぎたのか、ウイーン行きＬＯＴのチェックインはまだだった。空港ロビーで待っていると、

「ヨウ君、そっちに行っちゃ駄目でしょ」

という声が聞こえる。

ふりむいたら、五歳くらいの男児を連れた、観光客らしき日本人夫婦だった。この旅行で、初めて聞く見知らぬ人の日本語である。さすがクラコフはポーランドの京都・奈良だけのことはある。

ささやかな親切へのささやかなお返し

グランドスタッフが出てきて、チェックインが始まりそうになったので、カウンター前に二列になって並ぶ。東洋人らしき男が、我々の右横に立って英字新聞を読み始めた。いつのまにか長い列が後にできている。

チェックインが始まる。男の前のカウンターは閉まったままだ。間違えて並んだらしい。今から大きなトランクを引っ張って長い列の最後尾に回るのは気の毒だ。日本人かどうかわからないから、咳払いして振り向かせ、眼で先に行けと譲ってやる。軽く頭を下げた男は、チェックインしている。同じ東洋人の一行と思ったらしく、後ろからのブーイングはない。

左に並んでいた吉留がなにか係員とやりあっている。係員の言っているのが「ハントラ」としか聞こえない。吉留が首をひねって、

「なにを言っているんだろ」

と聞いてくるが、わかるわけがない。係員はハントラ、ハントラを繰り返す。と、さっき先頭

を譲った男が、

「機内持ち込みの手荷物かどうかを聞いていますよ」

と吉留のショルダーバッグを指しながら、妙な日本語のイントネーションで教えてくれる。ハントラは「ハンド・ラッゲージ」だったらしい。そうだ、と答えて一件落着、見届けてから会釈して歩いていく男がなにものだったのかはわからない。ただ、ささやかな親切にも、お返しがあることはわかった。

ボディチェックを受けて、国際線出発ロビーに向かう。免税店があった。正と吉留は、ズブロッカを数本買い込んでいる。日本へのお土産にするつもりだろう、大切にレシートを財布にしまいこんでいた。

意外に知られていないが、ポーランドのチョコレートは美味い。中でもウオッカを仕込んだボンボンは絶品だ。酒は呑まないが、ボンボンは大好きだ。トモが帰国したときにくれたチョコレート・ボンボンのパッケージをおぼえている。免税店を探してみるが、どこにもない。あきらめる。

あきらめたら、急に不安になってきた。理由はわからない。わかっていたら不安なんかになりゃしねえよ、と言う精神科医である従兄の河合洋の笑顔が浮かぶ。とりあえず水を買い込んで、セルシンを一錠服用する。たちまち不安はどこかに消える。

安心したら、空腹感を覚える。免税店横は軽食スタンドだった。出発まで時間がある、昼食代わりに軽くなにか摂ろうということで、それぞれ注文する。ラップで巻いたサンドイッチを眞也が食べていた。残すと言うので、四個あったハーフカットとはいえ巨大なサンドイッチのうち一個をもらう。時間が来たので待合室に入る。

待合室入口では、二度目のボディチェックがあった。一度目はゲートをくぐる万国共通方式だったが、二度目はいかつい男女SPによるボディチェックだった。「ハントラ」こと機内持ち込み手荷物のX線検査もシビアになっているらしく、三人にひとりが開けさせられ、中をチェックされている。

正がこれにひっかかった。手荷物が大きな机の上に広げられる。煙草の箱くらいの小箱があやしいと見られたらしい。中を見せろと言われ、正は苦笑しながら開く。中は金属製の床がついた義歯だった。

SPはニコリともせず「ネックスト」と次の旅行客を呼ぶ。クラコフにいたときは、まったく耳にしなかったが、テロが起きそうだとの情報が流れ続けていたのかもしれない。

「落ちる」より気になる「漏れる」

待合室は狭く、混雑していた。あいている椅子に適当に座る。つや子さんが隣にきた。

「吉留は?」

と聞くと、

「あそこにいます」

と一列離れた席を示す。正と眞也、吉留で買い込んだばかりのズブロッカを、どこで調達してきたのかプラスティックのカップに注いで、もう呑みはじめている。

呑んだくれの亭主と我が兄たちを見つめるつや子さんの目許がやさしい。いつか、義也がつや子さんの微笑みを評して慈母観音のようだと言ったが、たしかに慈しみにあふれている。

ウイーン便の前に出る、モスクワ便の搭乗手続きが始まった。周りからも何人かが立ち上がり出発カウンターに列を作る。つや子さんが、すっと立ち上がると向かい合う前の席からなにかを拾った。つまんでいたのは水色の厚紙片である。いきなり、

「これをあの人に渡してほしいんですけど」

と言われる。「あの人」とは、列に並んでいた眼付の鋭いロシア人らしき大男だった。なにがなんだかわからず、首をひねっていると、

「あの人は先刻からずっと熱心にジグソーパズルを楽しんでいたんですよ、ジグソーパズルは、ひとつないだけで楽しみが半減しちゃいます」

と説明される。このやさしさ、まさに慈母観音である。

「私、なんて言っていいのかわからないからお願いします」

との慈母観音の依頼で、とにかく渡そうと立ち上がる。

ワルシャワでの眞也の「キー・イズ・ノーグッド」を思い出し、列の男に「ユア・ピース?」と話しかける。男は見た瞬間、「オウ、イエース」と喜んでくれた。英会話はシンプル・イズ・ザ・ベストであることを、クラコフ空港待合室でも再確認できた。

時間が来て、バスに乗り搭乗口まで行く。羽田のように滑走路わきをずいぶん走ってウイーン

行のLOT双発ターボプロップ機に乗り込む。ポーリッシュCAは美形ぞろいだが、香水のつけすぎも相変わらずだった。クラコフまでで窓側の席には慣れていたつもりでも、離陸するときは瞑目する。

ベルト着用のランプが消えたので、外を見る。雲ばかりである。飛び立つまでは好天だったのに、ポーランドの天候急変には慣れずに驚く。雲海を飛んでいたら、ビビッとブザが鳴って、ベルト着用のランプが点灯する。同時に機体が左に流れながら、がくっと傾く。ウイーンまでの四〇分間、悪天候のせいもあって、揺られっぱなしだった。

あまり気味のよいものではなかったが、斜め前の席のおばちゃんのように悲鳴をあげて十字を切るほどではなかった。トイレを我慢していたからである。バスに乗ったころから尿意をおぼえていたが、機内で行きゃいいやと思っていたのに、飛び立ったと思ったらベルト着用で行く暇がなかった。「漏れる」より、「落ちる」ほうが大変なのに、注意は「漏れる」一点に集中する。不思議なものである。

王室馬術学校跡地のホテル

機体が降下しはじめて、雨雲の下から大きな河があらわれる。ドナウ河だろう。『美しき青きドナウ』と言うが、茶色ににごった河面は、満々とした水量を誇るかのようにゆったりと流れている。

着陸すると、バスが迎えに来ている。ターミナルまで行って、とりあえずトイレに飛び込む。

第八章

ポーランドの「連帯」後は日本の「敗戦」後によく似ていたこと

6月11日(木)

馬術学校ホテルのロビー

王宮を中心にドナウ河南岸のウイーン空撮

さっぱりしたところで、入国手続きの後、トランクを受け取り、ワンボックスカーの空港タクシーでホテルへ向かう。

車中、正に聞いたらオーストリア入国管理官は手荷物検査をほとんどせず、クラコフで買い込んだズブロッカはすべて持ち込めたと言う。オーストリアのタクシーも、ポーランドと同じで飛ばす。最後尾の補助シートに座っていたせいか、舗装道路の継ぎ目に来るとドスンと突き上げられる。横にはトランクが積んであり、このときも倒れてこないよう必死で抑えていたら、インペリアル・ライディングスクール・ルネサンス・ウイーンホテルという、長ったらしい名前のホテルに着く。

このホテルの名前は、ハプスブルグ王朝絶頂期の王室馬術学校跡地に建てられたことに由来する。馬術学校だったころは郊外だったろうが、いまではウイーン循環市電(トラム)の内にあり、どこにいくのも便利であった。

我々が入っていくと、ロビーからトモがひょいとあらわれ、フロントの女の子とひとことふたことやりとりして、チェックインは終わりだった。出された宿帳代わりのペーパーにサインする。部屋割りは、トモと同室で、あとは吉留夫妻、眞也と正の組み合わせである。

トモがウイーンに来たのには理由がある。

「せっかくの結婚休暇だから、ウカシュ君と旅行にいけばどうだい」

と勧めたが、

「ヘッ、半年も一緒に暮らしていていまさら新婚旅行なんてね」

と答える。

「それより、母ちゃんが帰国してアテンド役がいなくなったらなにかと不便だろ、ウイーンの二日間は任せておいてよ」

とも言う。トモはトモなりに、日本から結婚式に出席してくれたおじちゃん、おばちゃんに謝意を示したかったと推測する。

部屋に入る。左手にバス・トイレ、右手がクローゼット、奥はセミダブルのベッドふたつが壁際に、リビングセットが窓際に置かれている。エスターホテルと違って、アメリカンナイズされた、なかなか豪華な室内である。

ただ趣はない。日本のホテルで言うと、エスターホテルが山の上ホテル、馬術学校ホテルは昔の高輪プリンスホテルとでもいえようか。ま、好みの分かれるところではある。

美しく骨太で巨大だったウイーンの建物

部屋に用意してあったウイーンの簡単な地図を見ながら一休みしていると、トモが、

「そろそろ夕食にしようよ」

6月11日(木)

と言い、全員に連絡してロビーに集合する。

「どこで食べるんだい」

と聞くと、

「チェックインしたとき、フロントからワイン一杯サービスのレストランを紹介されたから、今夜はそこでどう?」

と答える。全員、トモに任せるとなってウイーンの街を歩きだす。

一〇〇メートルも歩かないうちに、ポーランドの街とはまったく違うことに気付く。

まず目立つのは、街中に、東洋人、アラブ人、黒人と、有色人種が多い。猛烈な勢いで中国語を話す家族連れの観光客とすれ違ったかとおもうと、ペイズリ模様の派手なチャドルを着ていたが、スカーフだけは伝統的な黒のアラブ婦人三人と出会う。ジーンズにTシャツのアフリカンふたりが大股で我々を追い抜き、街角のごみ箱から清掃車にごみを運んでいる。

昔の建物が残っているのは同じだが、この街の建物は美しく骨太で巨大だった。中世から近世にかけて、国力を失い続けたポーランドと、逆に勃興したハプスブルグの差を感じる。途中にあった四階建ての邸宅はバロック建築独特の堂々たる伽藍がそびえ、立ち止まって見惚れる。

「なんだい、この建物は」

とトモに聞いたが、さあねえ、と首をひねっていた。なぜか気になって、帰国してからグーグルマップで調べたがわからない。航空写真を拡大してもわからなかった。

ウイーンは、街中で「Wagen」「Straße」など、四〇年以上も前に大学で苦戦した第二外国語のドイツ語表記が目につく。ポズナンやクラコフで、アルファベットの散乱としか目に映らないポーランド語表記だけを見ていた時に比べ、わずかでも理解できる単語があると安心する。

近頃、日本の地方都市でも、英語はもちろん中国語やハングルの表記が目につく。よいことである。観光客のみならず、仕事で日本に来たアジアや南米の人びとのためにも、表記はタイ語、インドネシア語にポルトガル語、スペイン語など、多くの外国語をならべたいものである。

風がふんわりゆるく包み込む

五分も歩いたらレストランに着く。食事時だったからか、店内はもちろん、中庭のテーブルにも六人分の席がない。少し待たされて、ウエイトレスが樹の下に席を作ってくれる。

料理の注文は、ウイーンでもポーランド方式をとった。それぞれ食べたいものを適宜にとって、あとは酒である。トモが、

「ウインナ・ビールはおいしいよ」

と言うので、まずはジョッキを注文する。料理は当然名物のウインナ・シュニッツエルで、白身魚のムニエル、ソーセージとザワークラフトという、観光客定番となった。

一口食べる。吉留と顔を見合わせる。ひどいものである。シュニッツエル、日本風に言えばカツレツの肉は薄く、肉を食っているのか衣を食っているのかわかりゃしない。これでは、日本のスーパーで売っているハムカツのほうがまだましだ。ほかの料理も推して知るべし、である。

ただ、サービスのグラス・ワインは、

「なかなかだよ、美味い」

と正が、口をもぐもぐさせてから呑んで言う。吉留、眞也もうなずく。不味い料理でも、ワインでごまかせるらしい。昼食がクラコフ空港での軽食だったせいか、みんな旺盛な食欲を見せている。料理が不味いと記憶力が減少する。勘定がいくらだったかは憶えていない。

食事を終えて店を出たら、あたりはまだ薄明るい。トモが街歩きしないかと誘う。さっそくアテンドを始めたようだ。夕暮れの風が心地よい。ポーランドのやや硬さが残る風に比べ、ウイーンの風はふんわりゆるく、柔らかに包み込んでくれる。

一ブロックを歩いたとき、吉留に呼び止められる。手招きに応じて近づくと、

ウイーン街歩きで見た街頭果実屋台

「ありゃなんだい?」
と聞いてくる。バロック様式の堂々たる門が二〇センチほど開いていて、奥に赤坂の迎賓館に似てはいるが、はるかに華麗な城館がある。素晴らしい造形美に息をのむ。
離宮かなと思ったが、さっき地図を見たとき、ホテル付近には Imperial Villa の表示はなかった。離宮ではなさそうだ。ホテルから近いことだし、明日、来てみようよとなって、みんなのあとを追う。
三ブロックほど歩く。少々疲れる。トモが、地下に降りていく小さなカフェを見つけ一休みしようと誘う。入る。薄暗い店内で、客はカウンターにふたりいるだけだ。観光客の入るような店ではないらし

く、東洋人団体客に先客からの鋭い一瞥がくる。ちょっと腰がひけるが、トモはデニーズにでも入るような足取りで店の奥に行き、人数分の席をつくる。

初老の女主人がやってきて、なにやら話しかけてくる。トモはみんなの注文を聞き、英語で答える。女主人がなにを言ったか、ひとことも聞き取れない。吉留も、わからんと首をひねっていた。すぐに、ウイスキーのオン・ザ・ロックや紅茶などが出てくる。呑みながら吉留は、よく聞き取れるなぁと感心している。

「ポーランド人の英語に似ているから」

とトモが答える。アウシュヴィッツに案内してくれた運転手のおっさんの、トルナデをまた思い出す。

怪しげなカフェではあったが、勘定は一一ユーロ(一五一八円)と安い。店を出たら日は沈んでいた。

そろそろ帰ろうかとなったとき、女性誌でよく紹介され、『シュペルル』という店名だけは知っている小洒落たカフェがある。眞也と正がウインナ・ビールを呑みすぎたのか、トイレに行きたいと言うので、店に入ってトイレを借り、ついでにケーキとアイスクリームをテイクアウトで買い込む。甘いものに眼のないつや子さんがにこにこしている。

ホテルへ帰ったら九時を回っていた。どこから手に入れたのか、正はウイスキー瓶を、吉留はアイスバケツを、いつものように持ってエレベータに乗り込んでくる。一〇分後、正の部屋に集合となって、つや子さんが、さっきのケーキを持っていくからいらっしゃいとトモを誘っている。

中欧の結婚指輪は右手薬指

正と眞也の部屋に六人が揃う。

つや子さん、トモとケーキを食べる。女性誌では「宮廷に愛されたケーキ名店」とかあったが、ま、味はＦＵＪＩＹＡ並みと言っておこう。アイスクリームも、仰々しい容器に入っていたが、どうってことはない味だった。

眞也がウイスキーを美味そうに呑みほしている。ようやく体調が戻ったらしい。吉留が眼を細めて、眞也に注ぎ足しながら、自分もピッチを上げていく。

煙草を吸いたくなった。正たちの部屋は禁煙室である。外に吸いに行こうとしたら、窓を開けりゃよろしいと、正が窓際に行く。

ホテルの窓は、クラコフ・エスターホテルと同じで上端を室内に倒して開く方式だった。中欧から東欧にかけて、この方式が窓開閉の主流なのであろう。喫煙者は吉留とふたりだけだ。ポズナンでもらった携帯用灰皿を出して、窓際に移って吸う。

アルコールがまわってくると、話題はいつものように我が兄弟の母親になる。バアさんの悪口も一段落したとき、いつのまにかケーキ皿から水割りに持ち替え、気持ちよさそうに呑んでいたトモに、

「俺たち兄弟のカミさん連中はそんなにばあさんと似ているのかね、やはりマザコンかね」

と正が二〇年前の話を蒸し返す。

「そっくりだよ」

と酒が回ったらしいトモが即答する。

「よりによって、なんでばあさんに似た女を選んだのかなぁ」

と正が顔をしかめる。

少しの沈黙のあと、

「選んだのじゃないと思う」

とトモが言う。

「選んだのじゃなくて、父ちゃんやおじちゃんたちが、奥さんをおばあちゃんそっくりに変えていったような気がする」

と続ける。考えもしなかった指摘を受け、思い当たる節が無きにしもあらずの我ら兄弟三人は、しばし絶句する。

「女ってさ、みんなおばあちゃんみたいなところがあるんだけど、どこかに仕舞いこんでいるんじゃないかなあ、それをなんでかおじいちゃんは引っ張り出した、おじちゃんたちもおじいちゃんと同じことをして、奥さんをミニおばあちゃんにしちゃったんだよ。しようがないよ、諦めるしかないんじゃないの」

酔った勢いでトモにそこまで言われたら、誰も反論のしようがない。一〇歳のころは単純にマザコンと片づけていたトモだが、三〇歳ともなると、真実ではあるがそれだけにはるかに底意地の悪い見方をするようになったようだ。

黙り込んだ我が三兄弟に、つや子さんから助け舟が出る。

「トモちゃん、結婚したのに指環は右手なの？」

と話を変えるために聞く。見ると、確かに右手薬指に結婚指環をしている。

「ポーランドやオーストリア、チェコなど中欧全域の習慣なんですよ」

と、トモが答える。

翌日からウイーンの街を歩くと、たしかに既婚婦人らしき女性は、だれもが右手薬指に結婚指環をしていた。誠に些細なことではあるが、『左手薬指は心臓に直結していて、永遠の愛を誓う指』という疑ったこともない結婚の常識が覆される。ついでに、結婚という制度そのものにも若干の疑いがおきてくるが、新婚のトモに言うべきことでもないので黙っている。

中欧の結婚指輪は男女とも右手薬指

昨夜は顔を洗っただけで寝たせいか、風呂に入りたくなった。明朝七時三〇分に朝食を食べながら明日の予定を立てようと、酒盛り組三人に言ってから、一一時過ぎにトモ、つや子さんと先に部屋に引き上げる。

トモに、

「風呂は入るかい？」

と聞くと、

「呑みすぎたから明日の朝にする」

と答え、歯を磨き洗顔してさっさとベッドにもぐり込んでいる。のんびり入浴したかったが、ウイーンでもバスタブが巨大で足がつかない。なにやら不安定な姿勢となる。

それでも久方ぶりにゆっくり風呂につかりながら歯を磨いていると、鼻歌が出てくる。風呂上りに冷蔵庫にあったノンシュガーのシュウェップスを飲んで、ハルシオン服用は今日も忘れすぐ眠る。

第九章
上昇する国力を背景にした国民の傲慢さに考えさせられたこと

六月一二日(金)

ホテル朝食は「ガスト」並み

四時三〇分ごろ、喉の渇きで目が覚める。ベッド脇の小机に乗せておいたシュウェップスを一口飲んで、また眠る。六時に起きて顔を洗ったが、トモはまだ熟睡中だ。朝食をどこで食べるか、みんなに連絡していなかったことに気づき、フロントまで降りていく。

徹夜明けらしく眠そうな顔をした大男のホテルマンに、

「朝食会場ハドコデスカ?」

といつものようにヨチヨチ英語で尋ねる。大男はロビー左の通路奥を示しながら、

「アチラニ『メインレストラン』ガアリマスカラ、ソコデ朝食ヲドウゾ、六時カラ『オープン』シテイマス」

とのことだった。

朝食の場所はわかった。一安心して部屋にもどろうとしたとき、ロビー片隅に紅茶とコーヒーのセルフサービススタンドがあった。

紅茶を入れようとしたが、コーヒーの表示はあっても熱湯の表示がどこにもない。ティバッグを持ったまま首をひねっていたら、ダークスーツを着た早立ちのビジネスマンらしき男が、ニコッと笑って横のボタンを教えてくれる。廊下を掃除していたインド系のメイドも来て、砂糖やスプーンを渡してくれる。なかなか親切である。

両手に紅茶の紙コップを持って、エレベータのボタンは指の関節で押せたが、部屋のカードキーは使えない。左手薬指と小指だけでカードキーを挿入し、肘でドアノブを押し開けるという器用な真似で部屋に入る。窮すれば通ず、である。

バスルームから湯気が出ている。トモが風呂に入っているらしい。

「紅茶を飲むか」

と声をかけたら、風呂はあがっていて、

「今、顔を作っているからすぐ行く」

と答える。さほど待たずに出てくる。よそ行きの顔になっている。化粧が早いなあ、と感心していると、かける時間が一〇分なら一〇分なり、三〇分なら三〇分なりの化粧になるのだそうだ。

七時三〇分にロビー集合、朝食を摂りながら今日の予定を相談すると、みんなに再確認の館内電話を掛けてから、トモに、

「昨日、門のすき間から吉留が発見したバロック様式の館に行かないか」

と誘うと、

「いや、今日はシェンブルン宮殿に行ってみようよ」

と言う。

じゃあそうしようと、紅茶を飲んでから、朝食を摂るため部屋を出ようとしたら、カードキーがない。さがしてみるが、たかだか一五分くらいのあいだに消えている。みんなを待たしちゃ申し訳ないから、トモのキーを借りて降りる。

ロビーには全員がそろっていた。メインレストラン入り口には、インド系らしき少女がいる。差し出す紙に、部屋番号と名前をサインして入る。ビュッフェ方式で料理がずらりと並ぶ。

適当にハムエッグ、クロワッサンなどをとっていたら、皿がどうも小さい。トモが、それってフルーツ用じゃないの、と笑う。見比べてみると、確かにみんなの皿より二回りは小さい。面倒だから、そのままテーブルに持って行って食べる。

朝食から味をどうこう言うわけではないが、不味いハムエッグだった。吉留の皿からソーセージとマッシュポテトを少しもらうが、これまた「ガスト」並みだった。ここまで、食事に関しては圧倒的にポーランドの勝ちである。

ハプスブルグ家の圧倒的財力

食後、シェンブルン宮殿に行こうと話は決まり、三〇分後に出かける用意をしてロビーに集合となる。部屋に戻ってカードキーをもう一度さがす。あった。朝持ってきた紅茶の蓋の下に隠れていた。

「当然あると思い込んでいたものがなくなったとき、あわててさがすより少し時間をおいてさがしたほうが、すぐ見つかるという良い例だな」

と歯を磨いているトモに言う。バスルームから、

「ものじゃなくひともいっしょでしょ」

と返事がある。

「そんなことに気づくまで、ずいぶんと痛い目にあったからじゃないの」

と追い討ちをかけられる。黙る。誰もいないのに、眼がすこし泳ぐ。

本人は気が付いているのかどうかわからないが、時々、トモから思いもよらぬ鋭い一言が返ってくることがある。ウカシュ君のこれからの苦労に、少し同情したくなる。

ウイーンのトラム（市電）

シェンブルン宮殿には市電、地下鉄と乗り換えていく。トモが公共交通機関の周遊券みたいなチケットをどこかから買ってきたので、切符は一枚で用が足りる。宮殿付近には観光客が多い。さすが世界遺産だけはある。とは言え、この宮殿に関して知っているのは、ハプスブルグ家夏の離宮であるということくらいだ。

第九章
上昇する国力を背景にした国民の傲慢さに考えさせられたこと
6月12日(金)

シェンブルン宮殿・小広間(パンフレットより転載)

ハプスブルグ家夏の離宮、シェンブルン宮殿

入場券を買って中に入る。なにやらいろいろな種類の入場券があるとトモは言っていたが、この旅でおぼえた「シンプル・イズ・ザ・ベスト」を信条に、入場するためだけのものにする。

入ってすぐ、広がる宮殿空間にただただ圧倒される。ハプスブルグ家全盛期の底知れぬ財力にうなるしかない。世界史の教科書で学んだ限りの知識では、ハプスブルグ家といえばフォーエンツオレルン家、ロマノフ家などと共に近世欧州の王家でしかなかったが、蒙を啓かれた思いがする。

この財力がどこからきたのだろうかと考えていたら、甲高い声が響く。入ったときから聞こえていた、中国語らしき声だった。振り向くと、中国人一家が楽しそうにあたりを見回している。

家長らしき中年男性は色浅黒く、しぶとい面構えである。ブランドもののポロシャツに膝丈のゆったりしたショートパンツ、腰にはポーチをつけてスニーカーをはいている。妻は、ごく平凡な顔立ちだが、見るからに高そうなシルクのワンピースを着て、なぜか靴だけは亭主とお揃いのスニーカーだった。

子どもは七、八歳くらいの男の子と女の子だが、これが両親に輪をかけてうるさい。小広間に入って通路が広くなったためか、食品類持ち込み禁止のはずなのに、隠して持ち込んだらしいソフトクリームを振り回しながら、騒ぎまわる。

声が一段と高くなった。見ると、男の子がソフトクリームの中身を半分近く床にこぼしていた。両親と女の子に失敗を大声で笑われて、真っ赤な顔で怒鳴っている。母親がなだめながら手を引いて、片づけもせず一家はそのまま立ち去る。

非常識さに少々驚くが、ポズナンで煙草をポイ捨てしていたのだから己も似たようなものかと思い直し、同じ東洋人の誼で、溶けかかったソフトクリームをティッシュペーパーでつまむ。横から手が出る。初老の白人男性が唇をへの字に曲げたまま、床に残ったクリームを拭い取る。男は眼も合わせない。西欧人にとって、東洋人の顔はみな似たように見えると聞く。あの中国人一家の仲間と思われたのかもしれない。

そばのごみ箱にティッシュを放り込み、歩きながら考える。上り調子にある国家の国民は、悪気はなくとも傲慢になるものであろうか。ジャパン・アズ・ナンバーワンと言われたころの日本人も、似たようなものだったのではなかろうか。

今も残る帝国陸海軍将校の常宿

そんなことを考えながら宮殿を見て回ってから、庭に出る。みごとな庭である。

はるか先の小高い丘の上には、グロリアッテ（戦勝記念碑）という建物がある。遠すぎるし九十九折の急坂があるしで、行く気になれない。庭をゆっくり散歩し、泉まで来たところで右に曲が

シェンブルン宮殿・緑の迷路(©Andrea Schafler)

シェンブルン宮殿・グロリアッテ(©Heinz LW)

る。三メートルを越える生垣で作られた迷路がある。中に入ると、生垣が音を吸収するのか静寂そのものである。通路は右に左に曲がっていて、どこにいるのかもわからない。

「こりゃあ、やっているな」

と横にいたトモが呟く。

「なにをやっているんだい」

と聞き返す。

「これだけ静かで人目につかないんだから、宮廷の連中には愛用されたと思うよ」

という答えが返ってくる。

そうか、シェンブルン宮殿の貴族や女官の逢引場所かとあたりを見渡す。なにやら妙に生臭く感じてきたので、速足で迷路から出る。

大温室や動物園があると入場券に書かれてはいたが、疲れたので入場口脇のオープンカフェで一休みする。つや子さんとトモがケーキを頼んでいたから、スポンジ部分を少しもらって、飛んでくるスズメに投げる。空中でくわえる器用なスズメもいる。

中欧、東欧の人びとはスズメを「空のネズミ」と言って嫌うとトモに聞く。なんでもペスト大発生のときに、たまたまスズメも大発生していたからだとのことだった。

「そりゃ、中世以前のことだろうよ」

と言い返してはみたが、好き嫌いは理屈ではない。中欧では、今でも親が聞き分けのない幼児に、タタールが来ると言って脅かすそうだ。古くからの言い伝えを否定したところではじまらない。なるほどね、とうなずくしかない。

このオープンカフェの勘定も忘れた。不味くはなかったが、ぼんやりしていたのであろう。昼食でも摂ろうとなって、ウイーン中心部に地下鉄で戻る。駅を出て歩き出したら、通りの向こうにホテル・アンバサダーがある。

「二、三分でいいからあのホテルに入らせて」

とみんなに頼んで通りを横切る。

このホテルはウイーンがオーストリア・ハンガリー帝国首都であり国際都市だったころから、その名の通り外交官たちの常宿だった。日本とも深い関係のあるホテルで、欧州における帝国陸海軍駐在武官の集合場所であり、陸軍大学、海軍大学各期の成績優秀者に与えられる欧州視察旅行では、ウイーン滞在指定ホテルともなっていた。

永田鉄山、岡村寧次、小畑敏四郎が結んだ『バーデンバーデンの密約』では、その後、永田と岡村ふたりはウイーンに回り、ホテル・アンバサダーで更に昭和陸軍改革の密議を凝らしたと聞く。

一九世紀からの伝統と格式を誇るホテルではあるが、エントランスは地味だ。ロビーも狭い。

ただ、吹き抜けになっているため、狭苦しさは感じない。濃いブルーのカーペット、上質の胡桃材をふんだんに使ったインテリアなど、古き良き時代のウイーンを髣髴とさせる。

この場所に、永田や岡村が立っていたのかと思うと、中国戦線の縮小、日米戦争絶対不可と主張していた日本陸軍良識派のその後の無念が思いやられる。

喫煙者同士のささやかな交流

吉留にホテル・アンバサダーの説明をしながら歩いていくと、パスタ屋があった。入ろうかとなって飛び込む。メニュをもってこさせると、日本語版があって驚く。この店、日本人観光客御用達なのかもしれない。

トモがトイレに行っているあいだ、吉留と店の主人とのやりとりがおかしかった。日本人向けメニュにないものがドイツ語メニュにある。英語で、

「コノ料理ハ辛イデスカ?」

と聞く吉留に、主人は満面の笑みで答えるが、なにを言っているのかさっぱりわからない。なんどか聞き返したあと、

「ゴメンネ、アナタノ英語ガ聞キ取レナイ」

と言う吉留に、主人がなにか言う。帰ってきたトモが大笑いする。理由を聞いたら、主人は、

「ソンナ英語ハ『ウイーン』ジャ通用シナイ、発音ガオカシイ」

と言っていたそうだ。強いドイツ語なまりがあるから聞き取れないと言うのは旅人の理屈であ

る。郷に入れば郷に従え、を学んだと考えておこう。あとはトモに任せる。吉留の聞いた料理にはハラペーニョとかいうトウガラシがたっぷり入っているとのことで、即座に断る。

ウイーンでパスタというのも妙だが、まずまずの味だった。食後、正はデザート代わりに注文したグラッパを飲みながら、こりゃ美味いと頰をゆるめている。六人が食事してトスカーナ産赤ワイン二本を空けて、勘定が八〇ユーロ（一万一〇四〇円）は安い。

店の目の前の市電停留所から電車に飛び乗って、ホテルへ帰る。トモも少し酔っぱらっていたせいか一停留所を乗り越したが、ホテルへは一〇〇メートルほど近くなった。以後、この停留所を使おうとなる。

吉留の部屋で煙草を吸いながら、昨日見つけた館は明日行こうと決まる。一休みしてから、また出かけようと決めて部屋に帰ったら、トモはイタリア・ワインが効いているらしく熟睡中だった。

バスタブにお湯をためて、下着や靴下を洗い、クラコフで痛い目にあったから手のひらを傷めないようそっと絞って干す。朝早かったせいか眠くなり、昼寝と決め込む。

眼が覚めたら五時だった。そろそろユーロの持ち合わせも少なくなったので、ロビーの外貨交換に行き、五万円を交換する。一ユーロが一三八円だった。

クラコフから持ちこした、伸びたままの爪が気になる。ホテル内の売店で探すと、ハプスブルグ家紋章入りの爪切りがあった。八・五ユーロと結構な値段だったが、この旅で唯一のお土産と思い買い込む。部屋に戻り爪を切る。観光客相手のバッタものと思っていたが、なかなかの切れ味に驚く。

　煙草を吸いたくなったがトモが眠っているので、もう一度下に降りてエントランス横の喫煙所で煙草を吸う。チェーンスモークしていると、パイプを咥えた老人が、ジェスチュアで紙巻煙草よりパイプのほうがいいぞとアピールして笑う。笑顔を返す。迫害されている喫煙者同士のささやかな交流である。

お土産にしなかったザッハトルテ

ロビーから館内電話で吉留に電話する。起きていた。

トモを電話で起こし、

「三人で今夜どうするか相談するから、吉留の部屋においで」

と言う。すぐ行くから先に行ってて、とのことで、吉留の部屋を訪ねる。つや子さんはまだ眠っていた。騒いだら申し訳ないと思い、つい小声になる。トモが来て、

「せっかくのウイーンだから、夕食前だけどザッハトルテを食べようよ」

と言う。眼をさましたつや子さんも大賛成とのことで、ホテル・ザッハ行きが決定する。

　全員、六時にロビーに集合する。トモは路線図を眺めながら、こっちから行こうと、午前中とはちがう市電停留所に連れて行く。来た電車に乗り込む。空いていたので座る。

　日本の電車といちばん違っているのは、シートがやたらに硬いことだ。レールの継ぎ目で結構な突き上げも来る。尾籠な話だが、痔の持ち主はウイーンの電車に座らないほうがよいと忠告し

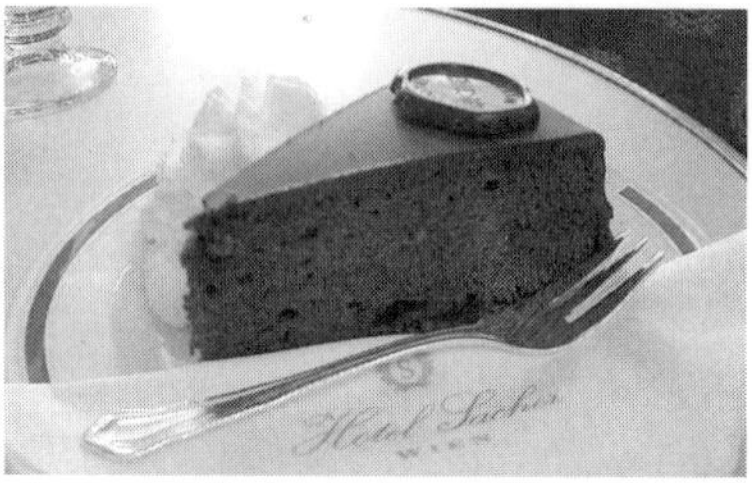

ホテル・ザッハのザッハトルテ（©David Monniaux）

ておこう。

　斜め前に、五〇代くらいの男が座っている。黒いフレームの眼鏡をかけ、エルボウパッチのついたセーター、ウールのパンツは共にグレイだ。本を読みながら、時折短い鉛筆でアンダーラインを引いている。思わず、いい男だなあと吉留に話しかける。

「『ペペ・ル・モコ』のころのジャン・ギャバンに似ているね」

と吉留も感心している。概して、ポーランドでは美人が、ウイーンでは魅力的な男が目についた。

　ホテル・ザッハの本館カフェは、名物チョコレートケーキ目当ての観光客で混雑していた。席がない。ウエイターが、建て増ししたガラス張りの別館に案内してくれる。ここも混雑していたが、なんとか四人とふたりの席を確保する。注文する。食べる。？？？？　である。ザッハトルテはパサパサした舌触りで、チョコレートの香りなど、どこにもない。煙草で舌が荒れているのかしらんと思い、紅茶を飲んでからもう一口食べるが、評価に変わりない。

　隣の四人掛けの席では、吉留夫妻が黙々と口に運んでいる。顔を見ていると、どうってことはないと言いたいのが瞭然である。ただ、ホテル・ザッハの名誉のためにひとこと付け加えるなら、横に添えてあった生クリームはすばらしかった。この生クリームをつけると、パサパサ感が少なくなる。

荊子さんに、買ってきて、と頼まれていた眞也も、浮かぬ表情で、

「お土産で買っていくほどじゃないな」

と言う。本場のザッハトルテは、我らに味わう舌がなかったか、たいしたことはなかったかのどちらかであろう。よって勘定がいくらだったかは記憶していない。

ウイーンで奮戦する岡山の地方百貨店

ホテル・ザッハを出ると噴水があり、本屋が何軒か並んでいる。ゆっくり見たかったので、三〇分間自由行動、その後、噴水前に集合とする。それぞれ、勝手な方向に街中を歩いて行く。

本屋では、もっぱら写真集、画集を眺める。モノクロ写真で構成されたオーストリアの田園風景の写真集、名も知らぬロココ画家の画集、いずれも欲しかったが一冊で三キロはあろうかという大部だったため諦める。

三十分後、噴水の前で待っていると、みんなが集まってくる。吉留が旨そうなレストランを見つけたから、そこに行こうと言う。連れて行かれたのは天満屋という日本料理屋だった。

それぞれが、適当に注文する。眞也、正、吉留の酒盛り組三人は、鯖塩焼き、揚げ出し豆腐、きんぴら、酢の物などを並べて、八海山の人肌燗を呑みはじめた。つや子さんは天婦羅定食、トモは眼を輝かせてイクラと鮭の身をてんこ盛りした鮭親子丼を掻きこみながら、ふたりで食べようと注文した豚の角煮、お新香セットに箸をのばし、ついでに呑兵衛三人から緒子に注がれる八海山も呑むといそがしい。

豚の角煮が少し硬く、入れ歯がずれそうになってこまったことを除けば、料理は旨かった。仲居に聞くと、食材すべては日本から空輸しているという。板前ももちろん日本人である。

帰りがけ、仲居に岡山の天満屋百貨店とはロゴも同じだし、なにか関係があるのかを尋ねたら、子会社だと言う。デフレ下、苦戦続きの地方百貨店が、異国に日本料理屋を出すという、その心意気やよしである。但し、勘定もなかなかで、四〇〇ユーロ（五万五二〇〇円）は、この旅行中もっとも高くついた夕食ではあった。

吉留に、

「日本料理屋を選ぶとは里心がついたのかい」

と言ったところ、

「トモちゃんのためだよ、ポズナンにも日本料理屋はあるが、結構な値段と聞いたからね。若い娘の給料じゃ、腹いっぱい日本料理を食うチャンスも少ないだろうから、せめて俺たちが勘定を持つウイーンで食ってもらおうと選んだんだ」

とのことだった。申し分ない心遣いである。繰り返すようだが、この心遣いをつや子さんにも発揮すれば、ますます申し分ないといえよう。

生活習慣か、傲慢さか

帰り道、逆方向の市電に間違えて乗る。循環線だから、池袋・渋谷間を新宿経由ではなく東京経由に乗ったようなものだ。

シェンブルン宮殿・大広間(パンフレットより転載)

ウイーン・オペラ座夜景

「乗り換えようか」

と言ったが、

「ウイーンの夜景を市電から眺めるのも悪くはないよ」

という正の提案で、そのまま三〇分くらい乗る。

夜九時をまわっていたせいか、腰パンの悪ガキが乗り込んできては、先に乗っている悪ガキとにらみあっている。とはいえ、治安が悪いという感じはしない。それより、車窓に次々と現われるライトアップされたロココ調、バロック調の建物がすばらしい。オーストリア・ハンガリー帝国首都としてのかつての栄華が偲ばれる。

ホテルへ帰ったら、当然、酒である。いつものように、眞也、正、吉留はウイスキーのオン・ザ・ロックを呑みはじめる。トモも付き合ってオッチャンたちとグラスを合わせ、呑まないつや子さんは紅茶で付き合う。

珍しく母親の話の前に、今日、見てきたシェンブルン宮殿の話となる。吉留が、

「『ローマの休日』ラストシーンの舞台となった大広間は、シェンブルンの広間に似ていましたね」

と言う。正が、

「ありゃ、確かローマのコロンナ宮殿でロケしたはずだ、両方とも、ロココだから似ているのかな」

と答える。

広間の話で、ソフトクリームをこぼしてもそのままにして立ち去った中国人一家の顔が浮かぶ。三〇年近く前、帰国した中国残留孤児が一時滞在していた所沢の仮設住宅を取材で尋ねたときのことだ。

世話をする日本人ボランティアが、

「残留孤児は礼儀正しく申し分ない人たちだが、ごみを屋内外問わずどこにでもすぐ捨てる、ごみはごみ箱ということから日本の生活に慣れてもらいます」

と言っていたことを思い出す。生活習慣の違いであろう。

もうひとつ、日本が高度成長期でＧＮＰ世界第二位となったころ、吉留に誘われて、カナダまで漫画家の矢口高雄のお供をしたことがあった。サーモンダービーという、キングサーモン釣りの大会に参加するためだった。

そのとき、いっしょに参加していた日本人女性ふたりが、レストランで帰りの荷物を減らすため、着ていたブランド物のポロシャツを捨てようか、捨てるくらいならホテルのメイドの子に上げようか、と話していた。

汚れたポロシャツを洗いもしないでか、と驚いていたら、翌日ほんとうにブランド名が書かれたタグを見せながら渡している。もらったメイドは微笑みながら「サンキュー、マム」と言っていたが、彼女たちがいなくなったら、そのままダストシュートにほうりこんでいた。

こちらは生活習慣の違いとは言えない。GNP第二位となった日本人の傲慢さがそのままあらわれている。確かにカナダの田舎町であるキャンベルリバーの女の子に、ダンヒルやディオールのポロシャツは買えないだろう。といって、汚れたまま渡す、その心持ちがわからない。

シェンブルン宮殿広間をソフトクリームで汚した中国人は生活習慣だったのか傲慢だったのか、どちらだろう。あるいは、その両方に加えて「旅の恥はかき捨て」だったのか。

そんなよしなしごとをぼんやり考えていたら、いつのまにか一二時を回っていた。正は気絶し、眞也と吉留はまだ酒を呑んでいる。トモに目配せして立ち上がり、部屋へ戻る。

疲れが出て、風呂はシャワーで済ませ、歯を磨いてベッドにもぐり込む。シーツが暖まるまでもなく、この日もセルシン、ハルシオンなしで眠る。

第一〇章
ヴァルトミュラーとの偶然の邂逅に感謝したこと

六月一三日（土）

リュックは持ち込み禁止のベルヴェデーレ宮殿

日頃は引きこもりのような生活をしているから、旅も一〇日目ともなると疲れが出てくる。この旅で、はじめて目覚まし時計に起こされる。八時の朝食の約束に間に合うよう、用意して下に降りる。トモも得意のそれなり一〇分化粧をすませてついてくる。

今朝の朝食メニュには、ご飯、みそ汁、焼き魚、冷奴、それに漬物代わりであろうか甘酢ショウガもならんでいる。昨日今日と、このホテルに日本人滞在客の姿は見えない。となると、これは我々に対するサービスなのか、あるいは欧州における日本食ブームの現われなのか。

理由はわからなかったが、昨夜、まっとうな日本食を天満屋で食べていたから、ホテルの和定食風メニュは敬遠する。トモが食べて、なんだこりゃと怒っていた。味はビジネスホテルの朝食以下と言って間違いなかろう。

第一〇章

ヴァルトミュラーとの偶然の邂逅に感謝したこと

6月13日(土)

ベルヴェデーレ宮殿・下宮ロビー
(©Deror avi)

ベルヴェデーレ宮殿・下宮

今日はクリムトである。ベルヴェデーレ宮殿である。到着した日に、吉留がたまたま見つけたバロック調の城館を地図でしらべると、クリムトのコレクションで知られるベルヴェデーレ宮殿だった。オープンが一〇時とのことで、九時四五分ロビー集合とし、部屋に戻って準備する。

ホテルからゆっくり歩いても一〇分足らずでベルヴェデーレ宮殿に着いた。オープンまで少し待ってチケットを買い、下宮に入ると、ガードマンに止められる。

「ドウカシタノ?」

と聞く。ガードマンは、

「『リュック』ハダメデス」

と答える。カメラや貴重品を入れていた小型のリュックは、持ち込み禁止だそうだ。コレクション盗難防止らしい。

指示された地下室へ行く。ロッカーが並ぶ。適当に選んでリュックを放り込み、ドアを閉めるがロックできない。なんとか試して、頭をひねっていたら係員がきて

「一『ユーロ』カ、二『ユーロ』ノ硬貨ヲ入レルノデス」

と言う。ポケットから二ユーロ硬貨が出てきた。一ユーロでい

いのに二ユーロ入れるのかい、弱みにつけこんでぼりすぎだろと思うが、あきらめてスリットに入れる。すぐかちっとロックできた。

先に入ったみんなを追おうとしたが、チケットがない。ポケットをひっくりかえすが出てこない。下宮展示室入口でチケットをチェックしていた別のガードマンが、「ＯＫ、ＯＫ」と言って入れてくれた。ＯＫと言うなら、なんのためにチェックしていたのかが、今もってわからない。ま、なにか意味があるのだろう。

七〇年ぶりに揃った「放蕩息子の帰還」

下宮展示室ではひとりの画家の特別展をしていた。大書してある画家の名前は知らなかったが、入ってすぐの作品に魅きつけられる。

重苦しい中欧の空に、糸杉の古木が立っている。ゴッホの描くねっとりと逞しく存在感を主張する糸杉と違って、この糸杉はひそやかに立っている。画面左手前の草原は明るい光に満ちているから、暗い森影の中から静かに屹立する右奥の糸杉にどうしても眼が吸い込まれる。一枚の絵に中欧の大地の精が宿っている。一〇〇年以上の時を隔て、画家が注ぎ込んだその精が、東洋からの旅人になにごとか語りかけてくる。聞き取ろうとするが、旅人には受け止める力がない。残念である。

日本画家でもあるつや子さんが横に立つ。

「あれ、すごいですね」

と小声で糸杉の梢を示す。針先のように鋭く尖った梢である。さえぎるガラスがないため、顔を近づけ観つめる。細い梢に秘められた天空を突き刺すような生命力が、確かな筆さばきで描かれている。その画技のすばらしさに息をのむ。つや子さんに聞くと、画家の名前も作品名も知らないと言う。あとで調べたら、フェルディナント・ゲオルク・ヴァルトミュラー、一九世紀オーストリアの画家だった。作品名は今もわからない。たまたま、この時二〇年ぶりの特別展だったそうだ。

奥まで並んだ作品を観て回る。いちばん奥まったところに二枚の作品が並べられている。見た瞬間、思わず「おっ」と声が出る。

この旅に出る少し前、日本経済新聞日曜版「美の美」でそのうちの一枚を観ていたからだ。テーマは聖書でおなじみの「放蕩息子の帰還」で、一枚が出ていくところ、もう一枚が帰ってきたところだ。「美の美」では、出ていくところを描いた作品しか取り上げていなかったから、帰還のほうが観られるとは思わなかった。

下に、小さな紙きれが貼ってあり、英語の解説では、ミュンヘンの美術館から特別展のために借りた。二枚揃うのは、七〇年ぶりである、と書いてある。これまた、吸い込まれる。画家が描いた一九世紀の農家庭先に入って行き、軍隊に入って一旗あげるという息子を見送る親の悲しみを、門前で疲れ果ててはいるが無事に戦場から帰郷した息子を迎える親の安堵を共に感じる。

フェルディナント・ゲオルク・ヴァルトミュラーに脱帽し、画家との偶然の邂逅に感謝する。

ベルヴェデーレ宮殿庭園と下宮越しのウイーン市街

ベルヴェデーレ宮殿・上宮

この名前は憶えておきたい。

巨大作品に埋め込まれた画家の情念

下宮特別展を観終わってロッカーからリュックを取り出す。リュックのポケットに、さっきさがしても見つからなかったチケットが入っていた。自分の不注意を棚に上げ、舌打ちして上宮までのゆるやかな坂道を歩く。

シェンブルン宮殿よりスケールは小さいが、ベルヴェデーレ宮殿の庭も美しい。花咲き乱れ、水盤の水面にさざ波が揺れる。

坂道の途中、一休みして宮殿入口でもらった案内パンフレット日本語版を読む。ベルヴェデーレとはイタリア語で『美しい眺め』という意味だと書かれている。下宮越しのウイーンの街を振り返って見て、その名に納得する。

銀座ソニービルができたころ、七階にベルベデーレというイタリアン・レストランがあった。窓際の席からは、まだ高層ビルがないころだけに銀座の夜景が一望に広がっていた。月夜もよかったが、小雨の夜景に情緒があった。店のオーナーは、ベルヴェデーレ宮殿を知って店名にしたのだろう。今は望むべくもない、半世紀近く昔の銀座夜景

ベルヴェデーレ宮殿・上宮展示室

ベルヴェデーレ宮殿・上宮入口階段

である。

休んでいるあいだ、つや子さんが絵心を刺激されたのか、通路脇に置かれた大理石のスフィンクスをメモ帳にデッサンしている。覗き込む。驚く。眼前の大理石像が紙の上で新しい生命を吹き込まれていく。鉛筆で引かれる一本の線がメモ帳に加えられるたび、スフィンクスは目覚めていくように見える。絵画の持つ力をあらためて感じさせられる。

下宮から来ると、向こう側に上宮入り口があるため建物を半周する。入って、階段を上がる。

眞也が、

「あ、あった！　ダヴィッド！」

と小声で言って、小走りで左手に向かう。教科書、書籍の装丁、新聞雑誌の特集などなどで観慣れたダヴィッドのアルプス越えのナポレオン（正確には「サン・ベルナール峠を越えるナポレオン」）が展示されている。通常のコースは右手だが、そんなことを気にするような眞也ではない。この絵を観たかったのだと、息を弾ませている。

目分量で縦二メートル五〇センチ、横も二メートルは優に超える巨大な絵である。眞也の横に立って眺める。この作品に関しては、「観

ダヴィッド「サン・ベルナール峠を越えるナポレオン」

る」というより「眺める」といった表現がぴったりする。

　絵画作品の大きさとその魅力とはなんの関係もないと思っていたが、はじめて観るダヴィッドのこれだけ広い空間を絵筆で埋め尽くす情念に圧倒される。小男のナポレオンのために、巨大な絵を描いて気に入られようとした、ごますり宮廷画家くらいにしか思っていなかった己が浅見を恥じる。

　空にかかる雲、強風にあおられるマント、ナポレオンの愛馬が後ろ足で踏みしめる岩場、どこを観ても絵筆が躍り、対象物を掴み取って油絵の具でカンバスに埋め込もうとしている。画家のおそるべきエネルギーである。巨大さは、それ自体が力となると思い知らされる。ナポレオンから離れてすぐに、また巨大な作品がある。

「カイロの市場」である。

エアコンがよく聞いた館内がたちまち熱気と砂嵐がもたらす乾燥しきった空気に包まれる。粘りつくようなアラブの男たちの体臭が鼻腔に広がる。獣臭はラクダから流れてくるのだろうか。

描かれた中東世界に抵抗できず引きずり込まれる。暴力的ともいえる魅力である。絵はどこかで観覚えがあっても、画家の名前は知らない。レオポルド・カール・ミュラーと書いてある。この名前も憶えておこう。

クールベ先生と印象派の作品群

眞也ではないが「あ、あった！」と叫びたくなった。

クールベ先生である。「傷つきし者」が展示されている。

夕暮れ時、傷ついて死を待つばかりの男が描かれている。この作品も素晴らしいが、クールベ先生といったら、ふつうは「石割り人夫」か「こんにちはクールベさん」であろう。高校時代、世界史の教科書にあった、「一九世紀ヨーロッパにおける写実主義表現の第一人者」という説明文まで憶えている。

恥を忍んで言うと、我が人生に大きな影響を与えたのは「石割り人夫」「こんにちはクールベさん」ではない。ましてや、今、眼前にある「傷つきし者」でもない。

中学一年生のとき、悪友に観せられた「世界の起源」である。パリ・オルセー美術館所蔵と聞くが、美術の教科書には決して掲載されることのない作品である。斜め下から、足を広げた裸婦の女性器をリアルに描いたこの作品を初めて観たときの興奮、緊張、眩暈、心悸亢進、呼吸困難は五〇年後の今も忘れられない。

「写実主義表現の第一人者」の名に恥じぬ、解剖学的正確さの女性器は、何年かたってベッドの中で実際に見る初めての機会を得たとき、真っ先に思い出したものであった。誠に即物的であるが、クールベ先生は性に目覚めさせてくれた恩師である。画家でただひとり、敬称をつけてよぶ所以である。

ただ、この作品に「世界の起源」と名付けたそのセンスには首をひねる。まさに言いえて妙であるが、妙すぎてちと鼻につく。すべてはここから始まっていると言われ、真っ向から反論はできないが、ここから始まらないものも、なにかあるのではなかろうかと言いたい。マザコン男の詮無き口答えである。

ひとつわからないのが、クールベ先生はなんのために「世界の起源」を描いたのだろうかということだ。一九世紀中ごろは倫理観の厳しい時代である。公表できるような作品ではない。倫理観が厳しすぎたからこそ、欲望を抑圧された好色なクライアントから極秘で依頼されたのだろうか、あるいはクールベ先生のひそやかな楽しみだったのか。

いずれにせよ、「サカリのついた犬っころ」のような東洋の少年は、数年間にわたり、妙齢の女性を見るたびにこの作品を思いだしては股間を熱くさせていたのだから、強烈な魔力を持つとだけは言っておきたい。

次の部屋に入る。

一〇〇平米ほどの部屋の中に印象派の大家が勢ぞろいしている。ルノアール、マネ、モネと、絢爛たる作品が並ぶ。

色彩の饗宴である。ただ黙って観惚れるしかない。

まわりに観る人は数人しかいない。そのうちのひとりだった吉留が、モネの絵の前で、
「印象派ってのは、見たまま描いていたんじゃないのかな」
と小声で言う。どんな意味かわからず首をひねっていたら、
「ポズナンをはじめて歩いた時、なんだか風景が霞んで見えてね、この絵のような風景だった」
と言う。

驚く。まったく同じ感覚だったからだ。キャンバスの中で裸婦も風景も、すべてが光の中でうつろっている。薄いヴェール越しに、霞んでいるように観える。到着翌朝、ポズナンを散歩したときの霞がかった風景が甦る。

となれば、印象派は欧州の気候風土が生んだとも言える。この感覚について、美術史の専門家に会う機会があれば教えを乞いたいと思う。

シーレがヒトラーを生んだ

ゴッホ、ムンクを横目で観ながら進む。ベルヴェデーレ宮殿は観る人が少ないから、名前で立ち止まらず、なにか感じた作品を好きなように観てよいという贅沢が許される。

ゆっくり歩いていたら足が床に貼りつく。一歩たりとも歩けなくなる。セガンティーニである。「悪しき母たち」である。初見は、確か朝日新聞の美術欄だった。粗い新聞のカラー印刷であったが「悪しき母たち」の持つ妖しげな空気は充分に感じられた。

実際に観ると大きな作品である。縦一メートル、横二メートルはあろうか。観つめ続けている

セガンティーニ「悪しき母たち」

と、美術欄の記事がぽつぽつと思いだされる。母性を捨てた母親への神からの罰と救いがテーマだと書かれていた。寒風吹きすさぶアルプス山中の夕暮れともあった。

作品の前に立ち停まり観続けていると、記事内容がなんだか違うような気がする。

蓑虫の蓑のような袋に入り、枯れ木から吊り下がった母親は神罰が当たったようには観えない。神罰どころか、乳房を赤ん坊に吸われながら陶酔しているかのように観える。右手で枝を掴み肉付きの良い体をそらせている。眼を閉じ唇は押し殺したような呻きを洩らしている蒼ざめた顔は、死に等しい快感に震えているようである。

雪景色が描かれてはいても、なぜか寒さを感じない。蓑の中は興奮した母親の体温で汗ばむほどの暑さになっているように感じる。夕暮れにも観えない。遠くの山並が明るく光っているのは朝陽のようだ。長い夜を快楽に溺れた母親が、最後に性の深淵に落ちていく姿ではなかろうか。

こう感じ取ったら「悪しき母たち」のタイトルにも納

得がいく。もっとも素人の受け止め方である。決して声高には主張できない。そんなように観えたのだがなあ、と呟いておこう。

次の部屋に、「二〇世紀でもっとも著名な芸術家」「二八歳で夭折した天才画家」と称されるエゴン・シーレの作品が並ぶ。鑑賞力の不足を認めつつも、ちくっと心に響くのは「窓」くらいで、世評高い「男と乙女」にはなにも感じない。

シーレには迷惑な話だろうが、彼には画家と言うより、「独裁者を生んだ」という称号を与えたい。ウイーンの帝国美術アカデミー(現ウィーン美術アカデミー)にシーレが合格した翌年と翌々年、故郷リンツから画家を志して帝国美術アカデミーを受験した青年がいた。アドルフ・ヒトラーである。二年続けて不合格となったヒトラーは、シーレの作品を観て才能の差に絶望し、画家への道を諦める。

後にオーストリアを占領したヒトラーは、シーレや師匠に当たるクリムトの作品を並べて、『良識ある』市民に非難させようと、「退廃美術展」をウイーンで開かせている。屈折した独裁者の嫉妬に思いを馳せる。この嫉妬に関してのみ、独裁者の心中いかばかりかと惻隠の情を覚える。

同じ創作分野で、自分より圧倒的に能力が高いと認めざるを得ない人物に出会ったとき、画家に限らず創作者であれば、その絶望感は、表現しようもない。

「上には上がある、下には下がある」と自分を慰めながら、その慰めに自らが深く傷つく。なんとも厄介な感情である。さらに厄介なのは、そんな感情を持たぬ者に、創作者の道は、まず拓けないことだ。

編集者だったころ、作家を志すそれなりに才能ある何人かの若者が、悶え苦しんでいたことを思い出す。同時に、自らの画家としての能力が、シーレに及ぶべくもないという認めがたい事実を受け止めて、絵筆を捨てた独裁者の鑑賞力の確かさにも感服する。

「接吻」にがっかりし「ユディット」に観惚れる

さてさて、クリムトである。数多い作品の中でも、もっとも有名な「接吻」は、ベルヴェデーレ宮殿に展示されている作品群の中で唯一ガラスカバーがかけられ、特別扱いされている。この部屋にはいくらか観る人は増えたが、それでも一〇人はいない。

前に立って観る。おやおや？　である。あれだけ楽しみにしていたクリムトに、今ひとつの輝きが感じられない。あれれ？　である。

クリムトの作品に囲まれながら考える。どれも素晴らしいが、下宮で出会ったヴァルトミュラーの衝撃はない。上宮のダヴィッドに感じた力強さもない。ミュラーの暴力的魅力もない。セガンティーニの官能陶酔美もない。首をひねる。壁際の椅子に座って、しばし呆然とする。

ふっと気付く。そうだ、クリムト作品が語りかけてくるさまざまななにかを、受けとめ咀嚼《そしゃく》反芻《はんすう》する能力を使い果たして、もういっぱいいっぱいになっている！　己のキャパシティの低さを呪うしかない。クラコフのレンブラント「善きサマリア人のいる風景」では、一点だけで疲労困憊していたのだ。これほどまとまって内に入り込んでくる作品を観つづけたら、お手上げである。

窓際の椅子に座って数分休んでいると、なんとなく気力が甦ってきたような気がする。で、今一度「接吻」を観る。やはり、あれれ？ だった。せっかくのクリムトを眼前にしてなんたること、と思うがこればかりはしようがない。

あきらめかけたとき、「接吻」左手の窓際にさりげなく掲げられている、「ユディット」が眼に飛び込んでくる。

カバーもしていない「ユディット」は、妖艶な微笑でなにごとかささやいてくる。観る。ただただ観惚れる。

左眼はようやく半ば開き、右眼は開こうとしても開けないようだ。重い左瞼の下から、焦点の合っていないうるんだ瞳が覗く。上気した頬、放心したかのような軽く開いた唇、うむこれは……、と思った瞬間、横にいたトモが、

「こりゃやった後だね」

と言う。直截な言葉で考えていたことを言い当てられて、

「どうしてそう思う」

と聞き返す。

「だって私は女だもん、わかるんだな、これが」

クリムト「ユディット」

とのご託宣である。

「父ちゃん、これはやった後の女を描いた作品として、プラドの『裸のマハ』といい勝負だね」

とも付け加える。

小娘がわかったようなことをと思い、

「左手に男の生首を下げているぞ、やった後すぐならわかるが、首を斬る時間が経っているから残酔とはいえないだろう」

と反論してみる。トモはにこっと笑い、

「首を斬るのはやっちゃうのより快感だったかもしれないよ」

と切り返してくる。

「ユディット」の前で、トモと女の快楽論争をするとは思わなかった。

もう少し話したかったが、個人的なことまで聞かなくてはならない破目になりそうだったので、「ユディット」に向き合う。

そうか、男と寝て快楽を貪ったあと首を斬ったら、そっちのほうがより深い快感か……。

幸い首は斬られなかったが、寝た後に、突然別れ話を恋人から持ち出された学生時代を想い出す。気怠そうに、ベッドでシーツにくるまり、枕に寄りかかりながら別れを告げる女の表情が似ているような、似ていないような……、四十年以上も経ってはいたが、胃がきゅっと縮む。ぞくりとする。

絵画鑑賞能力不足からくる「もたれ」

クリムトの展示室を出ると、隣は八畳ほどの小さな礼拝堂跡だった。花を描いたフレスコの壁画がすばらしい。二〇〇年以上前に、名もなき画工が描いた筆の跡が壁にくっきり残っている。誰もいない礼拝堂跡で、しばしかつての日々に思いを馳せる。

ベルヴェデーレ宮殿にはたいそう失礼ではあるが、半日かけて観て回った感想は「もたれる」だった。これは量的絵画鑑賞能力不足からきているようだ。考えてみたら、「美の巨人」たちが描いた作品群を、そんなに気軽に消化できるはずもない。

ふと、中学生時代にトルストイの『幼年時代』『少年時代』を読み、醜い容貌と低迷する学業成績に悩む少年に己が姿を見たような気がして、数日興奮して眠れない日々が続いたことを思い出した。

高校生となってからは、カエサルの『ガリア戦記』、モンテーニュの『随想録』でも同じように興奮をもてあました。

いま観てきた「美の巨人」たちが絵画一点に込めた情念は、これらの名著一冊に込められた著者の情念にくらべなんら遜色はない。

ベルヴェデーレ宮殿で絵画を観て思う時間は、一冊の文学作品を読み終え反芻する時間に比べはるかに短い。短時間で圧倒的な情念の嵐に巻き込んでくる絵画を観つづけたのだから、能力不足もあろうが「もたれる」ほうが当然であろう。もちろん、絵画の本質的な魅力に触れられたかどうかは、誠に怪しいものである。

いつか、二、三週間かけて、じっくりベルヴェデーレ宮殿を観てまわりたい。「美の巨人」たちの作品いくつかを自分なりの消化ができたとき、今日の評価にどのような変化があらわれるか、楽しみである。

ポーランド語の挨拶に呆然とする観光客

トモはアテンド役に張り切っている。ベルヴェデーレ宮殿を出たら、王宮に行こうと誘う。旧宮殿、新宮殿がある王宮は、ハプスブルグ家の本丸である。心身共に疲れていたが、どんなところか心が動く。市電に乗って王宮をめざす。

最寄りの停留所で降りて歩く。一〇〇メートルも歩かないうちに、TVで見覚えのある小さな公園に出た。花で音楽記号が描かれていて、奥にモーツァルトの銅像が立っている。

残念ながら音楽にはまったく魅力を覚えない。モーツァルトの曲では「アイネ・クライネ・ナハト・ムジーク」しか知らない。クラシックで曲とタイトルが一致するのは、「アイネ・クライネ」と年末に聞こえてくるベートーベンの「第九」、ワグナーの「ワルキューレ」くらいである。

公園を抜けて歩くと、巨大な宮殿が現われる。

「ここか?」

とトモに聞くと、

「いや、これは新宮殿、行くのは旧宮殿だよ」

と答える。

新宮殿ファサード(建物正面)階段付近を通りかかった時だ。記念撮影している観光客の一団がいる。撮影の邪魔にならぬよう、先行していた眞也が立ち止まって待っている。カメラを持った男が、眞也になにか話しかけながら、手真似で行ってよいと合図する。突然、トモがポーランド語で彼らに声をかける。全員が振り返り、呆然とした顔で我々を見送る。二、三〇メートル離れて振り返ったら、まだ連中はこちらを見ていた。

「どうしてポーランド人ってわかったんだ」

と聞くと、

「ポーランド語でおしゃべりしていたんだもの」

と当たり前のようにトモは答える。

「なんて言ったの?」

と吉留がトモに言う。ポーランド語で、

「アリガトウ、ヨイ旅ヲ楽シンデ下サイ」

と声をかけたそうだ。

「日本人観光客が、北京・天安門広場で記念撮影しようとしていたとき、アラブ人御一行様にいたアラブの娘から日本語で挨拶されたようなものだろう。そりゃびっくりするよな」

と吉留が笑う。

旧宮殿への五〇段くらいの階段がある。息を切らしながら階段

ポーランド観光客と出会った王宮・新宮殿

を上がると、ギリシャ式列柱のある建物があった。どんな建物かはわからない。王宮のすぐそばにあるのだから、王政時代の重要官庁ではなかろうか。通りを見下ろすテラスから階段を降りて旧宮殿に向かう。

王宮前広場には工事現場のような低い柵と金網で囲った一画がある。柵に掲示されていた説明書を読んだトモが、

「古代ローマの遺跡だってさ」

と教えてくれる。覗き込むと、家屋の土台や上下水道管などが残っている。

五賢帝のひとり、マルクス・アウレリウスが陣中で没したのは、この地であったことを思い出す。ゲルマン諸民族と古代ローマは、ドナウを国境として睨み合っていた。ウイーンは二〇〇〇年前のローマ帝国最前線都市だったことが実感できる。

入口彫刻が見事だった王宮・旧宮殿

辟易させられた豪奢な王家生活

王宮旧宮殿正門左右にある彫刻がすばらしい。誰の作品かは知らないが、力感あふれ躍動美に満ちている。

中に入る。建物で囲まれた広場に出る。まわりを見渡すと、確かに豪壮な館は並ぶが統一性に

ハプスブルグ家金、銀器コレクション

ハプスブルグ家柿右衛門コレクション

欠き、さほど美しいとは感じない。

　チケットを買い、見学コースに従って館内に入る。ハプスブルグ家に伝わるさまざまな家具什器がならぶ。日本の柿右衛門コレクションルームもあった。有田の色絵磁器が欧州王侯貴族に愛されたことは知っていたが、これほどみごとな柿右衛門が揃っているとは知らなかった。

　歩いていくと金、銀器のコレクションルームがある。ハプスブルグ家紋章の入った金、銀器は数千点もあろうか。その数に圧倒される。旅する時は、皿だったら一〇〇枚は入る木箱で運んだと説明されている。

　眞也が、黙ってその木箱を見つめている。

「どうしたの?」

と聞くと、

「国王一家が金、銀器で飯を食うために、こんな重いものを運ばされた召使はたまったもんじゃねえよなあ」

　と答える。言葉に詰まる。なんとも言いようがない。眞也はさらりとした言い方だったが、使用人のことまでは気が回らなかった。

いつのまにか、眞也とトモの三人になっている。ハプスブルグ家の贅沢に辟易し始めたこともあって、外に出ようかと話がまとまった。

トモが係員に聞くと、

「ココカラハ出ラレマセン、『シシー』記念館ヲ通ッテ出口ニナリマス」

と言う。

シシーとは、かの有名な王妃エリザベートの愛称で、記念館は王宮見学コースの人気ナンバーワンという。人気があるかもしれないが、さっき聞いた「重い金、銀器」がひっかかって、エリザベートがウエスト四八センチを保つため、アスレチックに励んでいたと聞いても、「だからどうした」くらいにしか思えない。

食事も十分にできない貧乏な小作農民は、アスレチックなんかしなくても、痩せっぽちだったのじゃなかろうか、とも思う。展示物にろくに目もくれず、足早に記念館を出る。

出口の木の扉は重厚だった。幅五〇センチで厚さ一五センチくらいの厚板を組み合わせ、更に鉄のベルトで補強している。木目の浮き具合、鉄のベルトの錆びから、建築当時のものと思われる。

王宮とはいえ、なにかあったら城の役割も果たしていたことがわかる。「重い金、銀器」を運ばせていたのだから、これくらいの城門がないと、いつ反乱がおきるか不安だったのだろうと納得する。

トモが来て、

「吉留のおじちゃんに連絡してみる」

と携帯をかける。吉留たちはまだ記念館内にいたから、正門付近で待ち合わせる。ほどなく正、吉留夫婦もくる。

全員集合したところで昼食がまだだったことに気付く。王宮の前、通りひとつ隔てて、旅行雑誌などで名店とよく紹介されている、一九世紀からの古いカフェ・レストラン、『グリン・シュタイドル』があった。飛び込んで、ハムチーズサンドやアスパラサラダなどを適宜に頼んで食べる。歴史ある名店とのことだったが、味はセブンイレブン並みである。つや子さんは、デザートにケーキを頼んでいたが、普通に食べていたところを見ると、こちらもとりたてて言うほどの味ではなかったらしい。

ここまで、日本にも知られているウイーンの名店カフェ・レストランのいくつかは、我々の舌が肥えていなかったせいか、どの店も、今一つというところであった。

さて、これからどうしようという話になった。まだ陽は高い。明日は早くに帰国する。

「どこか定番中の定番観光地はないか」

とトモに聞く。観光地図を開いて、トモはうーんとうなって考え込んでいた。

異国生活ではアバウトさも必要

吉留が、

「そうだ、歩き疲れたことだし、のんびりドナウ河クルーズはどうだろう」

と提案する。全員異議なしで、クルーズ船の船着き場行きバス停留所でバスを待つ。五分、一〇分、一五分待つ。来ない。さすがに二〇分を過ぎて、おかしいぜとなり、トモがさっきのカフェに聞きに行くと、今日は土曜日で船着き場行きバスは運行していないとのことだった。

少し歩いてタクシー乗り場に行くと、運転手に、すぐそこだから歩いていけば、と言われる。確かにすぐそこで、五〇〇メートルも歩くとドナウ河支流に出て、橋の欄干に船着き場を示す上流を向いた矢印の表示がある。表示はあるが、船着き場らしきものは見当たらない。

川岸に沿って、表示通り上流に歩くが見つからない。向こう岸かもしれないよと、トモは橋を渡って行ったが、こっちにはないと手で合図する。戻ってきて欄干の表示を見なおしていたトモは、下流に向かって歩いていく。すぐ走って帰ってくる。下流にあったそうだ。

「いい加減な矢印だなあ」

と言うと、

「ま、そんなものでしょ」

と、トモは気にもかけていない。異国で暮らすには、かなりのアバウトさも必要らしい。

橋から下流に二、三〇〇メートル行ったところにある船着き場のチケット売り場で、トモがなにかやりあっている。なにを話しているか、まったくわからない。三、四分やりあっていたが、

「父ちゃん、カネをくれ」

と言われて、一〇〇ユーロ札を渡す。

チケットを買ったトモに話を聞く。この船着き場から出るクルーズ船に乗るためには、二時間

第一〇章
ヴァルトミュラーとの偶然の邂逅に感謝したこと
6月13日(土)

以上も待たされる。ここからタクシーで一〇分ほどのところに船着き場がもうひとつあって、そこからは一時間後に出るからそっちのチケットを買ったとのことだった。

ただ待っているのも芸がない。街中に戻り、ふわふわ歩く。船着き場探しに疲れたため、お茶でも飲もうかとなったが、カフェはどこも満員だった。ドナウ河を眺める一等地だけに、人気があるのだろう。

しようがないから、小汚い椅子が何脚か並べられていたファストフード店でコーラ、ジュースなどを頼み、座り込む。

プラスティックのカップでジュースを飲んでぼうっとしていたら、異臭がする。顔をあげたら、ホームレスらしき中年男が、こちらを指さしながらなにやら呟いている。ポズナンでドーベルマン連れの老人から怒鳴られたことを思い出し、眼を合わせないようにして、なるべく無表情で聞き流す。

そろそろタクシーに乗ろうかとなったとき、正がいない。トモがあたりを走り回る。吉留といっしょに、逆方向へ行ってみる。いない。こまったなと思っていたら、悠々と正が歩いてくる。

「さがしていたんだよ」

と言うと、

「まだ時間は充分あるじゃないか」

と口を尖らす。だれかが集合時間をまちがえて伝えていたらしい。不満そうな正の顔がおかしくて吹き出しそうになる。

タクシーにはトモ、吉留夫婦が先に乗り込み、眞也、正と乗ったタクシー運転手には、

「アノ『タクシー』ニ続イテネ」

と頼む。かなり走ってから降りるとき、

「オイクラデスカ」

と聞くと、

「フォルテン」

と答える。何度聞いても答えは「フォルテン」である。さあ困った。トモは吉留夫婦といっしょに、さっさと船着き場に向かっている。運転手が手のひらに1と4を書く、あ、なるほどね、フォーティーンをドイツ語訛りにするとフォルテンね、と即座に理解してチップ込みの一五ユーロを支払う。

ポーランドでドイツ語訛り英語には慣れていたつもりだが、ウイーンのドイツ語訛りは「ル」を巻き舌風に発音するから、とまどって結局はジェスチュア頼りとなってしまう。

大河は堅固無敵の要塞

クルーズ船と言ってもドナウ河を航行するのだから、大きさは全長四〇メートルくらいだ。キャンバス屋根のついたフラットな上甲板に椅子が並べられていて、そこに適当に座る。

上甲板下の船室には、国鉄時代の準急列車そっくりの直立した背もたれシートが並び、真ん中に小さな厨房兼売店があって簡単な軽食や飲み物を出す。もちろん全席禁煙で、煙草を吸いたけ

りや、船尾の狭い喫煙所に行く。

船が出る。向かい風が強く、けっこうなスピードで走るため、体感する風は強風だった。気温が高いせいもあって、なかなか快適ではあった。

横にトモが来て、吉留に、

「親父とふたりの写真はないから記念に一枚撮って」

と言う。ふだんだったら、なにを今さらと逃げ出すところだが、この旅の記念になるかと思い直し、撮ってもらう。

ウイーンに来るとき、空の上から見たドナウはゆったり流れていたが、船に乗っていると、意外に流れが速いことに気付く。古くから「大河は堅固無敵の要塞」というが、この河を渡って攻め込むのは、昔も今も大変だったろうなと実感できる。

街の中心部から少し離れると、河岸に田園地帯が広がる。ときどき見える自動車がなかったら、一八、九世紀と変わらないのじゃないかと思わせる風景だった。

風に吹かれていたら喉が渇いてきた。下の船室に行って、紅茶を頼む。国鉄準急シートに座って飲んでいたら、チャドルを着たアラブ婦人がふたり、子ども連れで斜め前の席に座った。コカコーラを飲みながら、楽しそうに話しこんでいる。もちろん、その言葉は何語かすらわ

ドナウ河クルーズ船

からない。ただ、売店で買い込んだらしいスナック菓子を子どもに与えながら、喋り、笑い、子どもたちにほほ笑む、なかなかよい家族の光景ではあった。

ふっと、ポズナン空港での、病の子を抱きしめ、ただ汗を拭くことしかできなかったアラブ人母子が浮かぶ。ドナウ河クルーズ船に乗り込んで明るく笑う母子と空港の床に座り込む母子、眼前の明るい家族の光景に影が射す。

いまもって理由はわからないが、ドナウの支流に入るとすぐに水門があり水位が三、四メートル下がる。上流に走ったとはいえ、それほど高低差があるはずもない。不思議な水門だった。

今度は街中を航行する。

河幅は狭くなり、両岸には、極小の水着を付けたお嬢ちゃんたちが日光浴をしている。近くを通るとき、ぼうっと見ていたら中指を立てて「ＦＵＣＫ！」と怒鳴られた。覗いていたわけじゃないんだよ、ごめんねと心の中で謝る。

船が着いて降りると、あたりに見覚えがある。王宮から五〇〇メートルほどの、最初に行った船着き場だった。

歩いて電車の停留所に行くのも面倒だったから客待ちタクシーを捕まえ、ホテルに帰る。ロビーに入ってから、みんなに、

「夕食は八時でどう？」

と聞き、それでいいよ、という返事で部屋に戻る。トモのあとに風呂につかって出てきたら、正から館内電話がかかる。腹が減ったから夕食を早く食べようとのことだった。

「わかった、じゃ七時三〇分にしようよ」

と、三〇分繰り上げることにして、吉留に連絡する。

吉留と最後の夜はウイーンの森の中にある古いレストランにでも行こうかと話していたが、時間がなくなった。急遽予定を変更して、ホテルのレストランでの夕食となって、席を予約する。

第一〇章

ヴァルトミュラーとの偶然の邂逅に感謝したこと

6月13日（土）

旅人の眼には見えぬ人種差別

時間に余裕をもって、先にロビーへ降りる。財布には五〇ユーロ足らずしかない。残っていた手持ちの日本円をかき集めて、フロントで両替したら二五〇ユーロになった。これで、トモのウイーン・アテンドフィができた。

昼食が軽かったからか、全員早く降りてきて、一五分前には揃ったのでレストランに行く。窓際の良い席がとってある。初日の失敗もあり、ウインナ・シュニッツエルはやめて、魚、チキン、羊、ついでにパスタも注文する。

吉留は例によって良いワインを自腹で買い込み、アテンドのお礼だとトモにプレゼントしている。その上、つや子さんから結婚のお祝いだと熨斗袋までもらう。トモは恐縮していた。

朝食はたいしたことなかったのに、夕食はなかなかの料理が出る。特に、ラムのオレンジソース煮と、パンに塗って食べるレバ・ペーストは絶品であった。余計なお世話だが、サービス飯と思って朝食に手を抜いているとしたら、馬術学校ホテルはいずれ痛い目にあうだろう。

旨いワインに口もなめらかになったトモが、このホテルは気に食わないと言い始めた。

「どこが気に食わないんだい？」

と吉留が聞く。

「だって、フロントやレストランのウエイターには金髪碧眼の美男美女を置いているのに、シーツ取り換えや室内クリーニング、ガーデナーなんかの汚れ仕事は全部有色人種、おかしいでしょ」

とトモが不満そうに答える。

確かに馬術学校ホテルのフロントは、これぞオーストリア美人と言いたくなるような、ゲルマン系の美女揃いではあった。朝、廊下ですれ違う掃除人、室内清掃人は男女を問わずアラブ系、インド系である。

ホテルだけではない。街中の清掃業者は見た限り、ほとんどアフリカン系だった。安い賃金で働く有色人種の出稼ぎが多いということもあろうが、ウイーンは旅人の眼に見えぬ人種差別があるようだ。有色人種の少ないポーランドから来たトモには、それを敏感に嗅ぎ取っていたのかもしれない。

食事を終えて勘定を頼もうとしたが、従業員が誰もいない。酔っぱらった正が、食い逃げするかと笑う。まさかそんなことをするわけにもいかず、ウエイターをさがして勘定をカードで済ませる。

吉留の自腹ワインは別にして、六人で二二〇ユーロ（三万三六〇円）は、ホテルのレストランにしては安い。

八〇余年のクリスチャン生活と臨済宗

食後は、当然酒盛りである。眞也・正の部屋に集合となる。

「明日は早いから適当に切り上げよう」

とトモに言う。

「父ちゃんそりゃ無理だ、おじちゃんたちが旅の最後の夜を早く切り上げるわけないよ」

とトモが笑う。その通りである。この夜、ウイスキー一本とクラコフで買い込んで土産にするはずのズブロッカ一本がきれいに空いた。

話は、我らが母親の悪口に始まり、四方八方に飛ぶ。まず、トモの亭主であるウカシュ君が曹洞宗の坊主であることから、副田家の菩提寺正伝院が話題になった。

かつて、我々兄弟の本籍地であった佐賀県小城市の正伝院は臨済宗の古刹で、過去帳には父から数えて一二代前までの記録がある。父は、孫娘が臨済宗と同じ禅宗である曹洞宗の坊主と結婚することに、どれほど喜んだであろうか。

つや子さんが、

「牧師様だからお坊さんは嫌だったのじゃないかしら」

と言う。眞也が、

「いやいや、親父の死ぬときは三途の川ですよ」

と答える。首をかしげるつや子さんへ、眞也にかわって説明する。

老衰により点滴だけで生命をつなぎとめていた父親が危篤となった。幸い危機は乗り越えたが、衰弱甚だしく、会話もままならない状況になったころである。

眞也といっしょに見舞いに行くと、父親がなにか我々に伝えたいらしく、もごもご言っている。口元にふたりで耳を寄せて、ようやく聞き取れた。父が広い川を渡っていたら、向こう岸からお母さんが来ちゃいけないと手でしっしっと追い払う。お母さんに追い払われて悲しかったが帰ってきた、大要そんな話だった。父の枕もとで眞也と思わず顔を見合せた。

一六歳のときキリスト教信者となり、二六歳からは牧師・名誉牧師として八〇年以上のクリスチャン生活を送ってきた父親が、死を目前に控えたとき、脳裏に浮かんだのは仏教だったのだ。父の言う「お母さん」、つまり我々の祖母にあたり父を三途の川から追い返した糸子は、熱心な臨済宗門徒だったと聞いている。父が幼いころ受けた、糸子からの臨済宗の教えは肌身に染みついていたのだろう。

この話をどこで知ったか、キリスト教関係者のひとりが、

「副田先生は信仰が足りない、導かれた信者はかわいそうだ」

と言ったと聞く。

人の心の揺らぎ、弱さや情を知らぬ発言である。こんな心の狭い、教条主義的クリスチャンがいるから日本のキリスト教は普及しないと、不信心者の遠吠えではあるが、声を大にして言っておきたい。

ウイーンで市井の研究者となったフロイト

「うーん、じいちゃんもマザコンか、マザコンは副田家の血だね」

とトモがおかしそうに言う。

「でもね、母親系もけっこうマザコンが強いんじゃないかな」

と続ける。

吉留が、

「母親系って、秦進也さんのことかい？　あのひとにそんな傾向があるなんて信じられないなあ」

と言う。トモはふふっと笑って、母方曾祖母が死んだとき、曾祖母のひとり息子である祖父秦進也の憔悴ぶりがいかに大きかったかを話す。

眞也、正、吉留は、ウイスキーグラスを持ったまま、しばし秦進也を思い出している。豪快で明るく、座持ちの巧いひとであった。マザコンかもしれぬが、ともかく彼がいると座は盛り上がり、いないと出席者がなんとなくものたりなく感じる、そんなひとでもあった。

そう話すと、吉留が、

「教授はそれ以上じゃないかな」

と言う。「教授」とは、大学で長く教官を続けた義也を呼ぶときの、吉留の通称である。つや子さんもさかんにうなずく。

「トモちゃん、どうだ、一緒に酒を呑んでいて教授がいると楽しいだろ」

と吉留がトモのグラスにウイスキーと氷を入れながら話しかける。ありがとうございますとグラスを受け取ったトモは、少し考えながら、

「あのオッチャンは小娘の私なんかでも見下ろさない。同じところから話してくれるよ。なにかをしてくれるときもごく自然なんだな、間違えても恩着せがましいところがないの」

などと言う。それを聞いた眞也が大声で、

「トモちゃん、君は人をよく観察しているねえ」

と突然言う。どうしたんだと聞くと、

「君ぃ、フロイトだよ、ユングだよ、ウイーンだよ」

と、訳の分からないことを言い始めた。ともかくなにを言いたいのかを聞いてみる。

眞也は大学入学に三年かかっている。三浪生だったころ、今度落ちたら四浪となって同級生は卒業しちまうと、なにがなんでも合格をめざし勉強した。それでも三つの大学に落ちる。

そのころの我が家は貧乏のどん底でそれ以上の受験料を支払う余裕がない。切羽詰まったとき、義也が受験料くらいなんとでもするから、まだ受けられる大学があるなら受けてみろと眞也に勧めた。

そうした義也の援助で受けた大学に合格し、眞也は社会学を学んだ。で、フロイト、ユングの著書を読み、学び、生涯の座右の書となるマックス・ウェーバーの『プロテスタンティズムの倫理と資本主義の精神』とも出会えた。

「そんなきっかけとなった金銭援助に関し、義也は俺に一度も恩着せがましいことは言わなか

ったんだ」

と言うのだ。フロイト、ユングはわかったが、それとウイーンになんの関係があるのかが、まだわからない。

買っただけで、開いたこともない『夢判断』

眞也と同じく社会学を学んだ正が横から、

「フロイトはウイーン大学を卒業していたからだろ」

と口をはさむ。うなずいた眞也は、アシュケナジムとよばれる東欧・中欧定住ユダヤ人だったフロイトは、ウイーン大学に職を得られず、市井の一医師として研究にいそしんだ。一時期、チューリヒ大学のユングを指導していたと、話は義也からフロイトに変わって行く。

王宮の少し北には、フロイトの自宅であり研究室でもあった建物を改装したジグムント・フロイト博物館があって、眞也は、時間があればそこに行きたかったらしい。フロイトがたいそうな精神分析学者であったことは知っていても、ウイーンで研究者生活を送ったとは知らなかった。ましてや、博物館まで残されているなど、まったく知らなかった。

ジクムント・フロイト博物館
(©Gryffindor)

フロイトの著書も読んだことはない。ユングに至っては、ああ、そんな学者もいたかなあという程度である。

眞也の、フロイト、ユング論を聞きながら、機会があれば『夢判断』を読んでみようとも思い、帰ってから岩波文庫版を買ったが、まだ開いたことはない。

気付いてみると、一二時近くになっている。トモは明朝の出発が早い。目配せして合図する。トモが、

「明日の朝は早く、一番の便でベルリンに飛び、ベルリンから高速バスでシュテチンに帰り、そのまま出社します。お目にかかれないでしょうから、今夜お礼を言っておきます。わざわざポーランドまで来ていただきありがとうございました」

と殊勝な挨拶をし、酔っ払いのおじちゃん三人と握手して部屋へ帰る。つや子さんも一緒に出る。

部屋に戻り、荷物をまとめる。ポケットの二五〇ユーロをトモに渡そうとしたが受け取らない。トモはシュテチンの部屋をシングルマザーの女性とシェアしているが、

「明日、出社して帰るまで銀行には行けそうにないんだ。現金を部屋に持ち帰って、万が一なくなったりしたら嫌な思いをするからね」

と言う。異国での生活の難しさを垣間見たような気がする。

「早く寝なきゃ」

と言うトモにセルシンを一錠盛り、こちらはセルシンとハルシオンを各一錠ずつ服んで、目覚ましを五時三〇分にセットし一時前にはなんとかベッドに入る。

第一一章
TバックのCAに父の担当女医のみずみずしい尻が浮かんできたこと

六月一四日(日)

娘のひとり立ちを見送る

目覚ましの音で飛び起きる。トモはまだ熟睡している。洗顔し、着替える。昨日飲んだ朝の紅茶が美味かったから、ロビーに降りて見ると、もうセルフサービススタンドはセットされていた。起き抜けでぼんやりしていたのか、抽出ボタンをまた間違ってコーヒーを押す。出てきたコーヒーを捨てるわけにもいかず、紅茶二杯といっしょに両手でかかえて持って部屋に帰ると、トモは起きて荷物をまとめていた。まとめると言ったところで、大き目のキャリーバッグひとつだから、さほどの時間はかからない。朝食を摂りに降りる。

三日目の朝食も駄作だった。親子ふたりでため息をつきながら食べる。一〇分足らずで食事を終え、トモは歯を磨いてくると部屋に戻る。外の喫煙所で煙草を吸っていたら、昨夜遅くまで呑んでいた吉留が来て、

「トモちゃんは?」

と聞く。まさか起きてくるとは思わなかったので、すぐ呼んでくると部屋に戻ると、ちょうどドアを開けて出てくるところだった。トモのキャリーバッグを受け取り運ぶ。エレベータを待ちながら、会社のロッカーに入れておきゃいいだろ、と強引に二五〇ユーロを渡す。ま、親父を立てておこうかという顔で、トモが受け取る。

ロビーに行くと、眞也、正までトモを見送るために待っていた。おじちゃんたち三人と握手して、トモはウイーン空港行きの高速バスに乗ろうと、キャリーバッグを引きながら歩き出す。朝日がななめ後ろから射し、髪が光る。頭を少し左にかたむけ、膝をあまり曲げずにとことこっと歩く姿は五、六歳のころと変わらない。

はじめて、あ、この子はひとり立ちしたのだな、帰るべき家はポーランドにあるのだなと痛切に感じる。

似たような思いをしたことがある。最初にポーランドへ行ったとき、トモの部屋は乱雑なままだった。二度目も、乱雑だったが、三度目はきちんと片づけられていた。整頓された机の上に二度目まではあったノートパソコンがなくなっているのを見たとき、もう帰ってこないな、と少し感じるところがあったものだ。

ホテルの角を曲がるとき、トモがこちらをふりむいてニコッと笑い、軽く手を振って姿を消す。

つや子さんがあわてて出てきた。

「トモちゃん、もう行きましたか?」

第一一章

Tバックのに父の担当女医のみずみずしい尻が浮かんできたこと

6月14日(日)

と聞く。

「いま、そこを曲がったところです」

と答えると、お別れの挨拶をしなきゃ、と後を追う。すぐ戻ってきたつや子さんは、追いつけてよかったと笑う。眞也と正はそのまま朝食、吉留夫婦は八時ころに食べるとかで部屋に戻る。ひとり残って、喫煙所でぼんやり煙草を吸う。ポケットを探っていたら、丸っこい字で書いた英語のメモが出てくる。

昨日、帰りのEチケットがウイーン〜ミュンヘン、ミュンヘン〜成田と二枚に分けられていたのを見たトモが、

「このチケットじゃミュンヘンで面倒になるから、ウイーンのカウンターで一枚に変えてもらいなよ」

と言う。

「なんて言えばいいんだ」

と聞くと、ホテルのメモ用紙に三、四行の英文を書いて、

「これを見せりゃいいよ」

と渡してくれたメモだ。そのとき、ついでだと、フロントに電話して我々が空港まで乗るタクシーも予約していた。その予約時間までまだずいぶん時間はあるが、旅では必ずなにか忘れ物をするから、最後のチェックのために部屋へ戻る。

充分に注意したつもりだったが、サイドボードの上に目覚まし時計を忘れている。トランクに

放り込む。今朝、下から持ってきたコーヒーが口を付けないまま残っている。一口飲んだら苦い。口直しに砂糖を二袋分入れた甘い紅茶をカウチに寝転んで飲む。

この旅のあれこれを思いだす。印象として残っているのはアウシュヴィッツとビルケナウである。六三本の線と髪の臭い、荒涼とした窓からの風景は強烈であった。ポズナンの空港でフロアに座り込んでいたアラブ人母子も忘れられない。ベルヴェデーレ宮殿の絵画は体調を整えて、もう一度、ゆっくりじっくり観たい。

「ベルヴェデーレは、観て回るのに一週間や一〇日じゃ無理だな」

とトモに話しかける。すぐもういないことに気付く。生まれて初めてひとりがつまらないと感じる。

いい加減なウイーン国際空港係員

散歩に行こうと部屋を出る。

ホテル裏口から歩き出すと、眼の前に線路を跨ぐ橋がある。渡る。四、五〇メートル行くと、緑、白、赤の三色旗を翻したイタリア大使館があり、その角を曲がったら、通りひとつ隔てて初日に行ったレストランだった。こんな近道があるとは知らなかった。

帰る日の朝に気付いたことがもうひとつある。ウイーンは坂道の多い街だった。どこを歩いていても、わずかだが勾配がある。日本に帰ったら、地形図を調べてみようと思う。

クラコフでのんびり散歩していたときとは違い、なんとなく人恋しくなる。ホテルへ帰って、

第一一章

Tバックのに父の担当女医のみずみずしい尻が浮かんできたこと

6月14日(日)

吉留の部屋を訪ねると、いま食事を終えたところだと言う。タクシーの時間を聞かれて、トモのメモを見る。一〇時三〇分とある。つや子さんが遅れて帰ってきたので時間を伝え、眞也と正の部屋に行き、迎車時間を話しておく。眞也は昨晩呑みすぎたのか、トイレの往復に忙しい。

「ホテル代はどうしたの?」

と、眞也に聞くと、

「正、吉留夫婦といっしょにもう払ってきたよ」

と言う。

フロントに行って勘定を頼む。ふだんはしないのに、なんとなく勘定書きを見たら電話代が付いている。ヨチヨチ英語で、

「電話シタ覚エハナインダケド」

と言うと、金髪碧眼でメイクも完璧にしていたフロントの女の子が、キーボードをたたいて、

「昨夜シテイラッシャイマス」

と答える。にこやかだが、眼は笑っていない。トモがウカシュ君に電話したのかもしれないと思い、カードで支払う。

まだ一〇時ちょっと過ぎなのに、眞也と正がトランクを引っぱって降りてきた。吉留夫婦もすぐ来ると言う。部屋に戻って、トランクとキャリーバッグを押し出す。カードキーをかけて廊下を歩き出すと、このホテルにまた来ることがあるかな、と思う。

降りると、タクシーがもう迎えに来ていた。迎車が早めに来るのは、日本と変わらない。運転

手が、五人分のトランクと手荷物を手際よく車に積み込む。

空港までの下道は、途中裏道を通ったためか、さほど乱暴な運転ではなかった。ところが高速にはいると一変、アクセルを踏み続ける。あっという間にウイーン空港に着く。運賃を残ったユーロで支払い、二ユーロのコインがあったのでチップを渡す。

早く着きすぎたためか、ルフトハンザ航空ミュンヘン行の掲示が電光掲示板に出ていない。

どこの出国カウンターにならべばよいのかを、吉留がチケット売り場のおばちゃん係員に聞くと、51番ゲートと答える。並んでは見たが、どうもあたりに人が少ない。おかしいなあと、吉留がもう一度通りがかったフランクフルト航空のCAに聞くと82番だった。ウイーン空港のおばちゃん係員はいい加減である。

ウイーン国際空港到着ロビー（©Front Office）

チェックインが始まり、五人分のEチケットとトモのメモを見せたら、出国カウンターの男性係員がすぐ成田直通チケットに書き換えてくれた。トランクも預けて、出国ロビーに入る。時間となって、搭乗するためバスに乗り込む。プロペラ機も最後だなとおもっていると、待っていたのは双発ジェット機だった。

ポーランドでは飛行機利用者が少ないから、乗客数の少ないターボプロップ機だったのだなと納得する。中欧各国でも生活レベルの違いは、こんなところにもあらわれているようだ。昨夜の寝不足もあって、機内に入ったらベルトを締めてすぐ眠る。起きたらミュンヘン空港だった。

CAの器量は先進国に行くほど劣化

空港内の乗り換え表示はわかりやすかった。カミさんから、ミュンヘンでもう一度手荷物の検査があると聞いていたが、パスポートチェックだけで済む。ウイーンで再発行してもらったチケットを見ると、成田行き出発ゲートはH―48とある。

煙草が吸いたくなって、免税店を覗いている吉留夫婦や眞也、正に、出発ゲートで会おうと言って先に進む。ミュンヘン空港はゲートが多く、空港ビルは両翼をいっぱいに伸ばしているため、いちばん端っこのH―48まで一〇分近く歩かされた。

途中、グランドスタッフらしきドイツ人の女の子が待っていて、いきなり日本語で、

「チケットをお見せください」

と言われ、少し驚く。見せたらポンとスタンプを押してくれた。スタンプにどんな意味があったのかはわからない。

喫煙所があったから飛び込む。出発ロビーからずいぶん離れた端っこのせいか、だれもいない。座って、行儀は悪かったがキャリーバッグに足を乗せて煙草をくわえる。一二時間以上の禁煙が続くのかと思うが、そんなに吸いだめできるものではない。二本も吸えば充分だ。

喫煙所を出て、H―48に着くと眞也がいた。すぐ正も来る。

「なにか買ったの?」

と、眞也に聞いたら、にっと笑ってウイスキー瓶を二本見せる。機内で呑むためだろう。正は、自販機でつまみになりそうなチョコやナッツを残ったユーロ硬貨で買い込んでいる。

トイレに行きたくなって、キャリーバッグを眞也に預け、通路を少し戻る。男性用はロックされていて入れない。首をひねっていたら、身長二メートル以上もある空港係員の大男が「ヒーア」と身障者用トイレを指す。係員が指示するのだから構わないだろうと、用を足す。出て「アリガトウ」というと、「ユア・ウエルカム」と返ってきた。

戻ったら、吉留夫婦もいた。よもやま話をしていたら、搭乗案内のアナウンスがある。H―48は直接機内に乗り込める蛇腹式となっている。歩いていると、前にいた初老の日本人男性が写真を落とした。拾って声をかけようとしたら、どこに行ったか見当たらない。あとで渡せばよいかと思い、そのまま歩く。

搭乗口でCAから日本経済新聞を渡される。CAの器量は先進国にいくほど劣化するという法則は、ルフトハンザ航空にもみごとに当てはまった。出迎えてくれた四、五人のCAは、おばちゃんとどうってことのない女の子たちだった。

席に着く。行きと同じで隣が空席だった。座ろうとして、トモから、

「ルフトハンザは、なんでか帰りの機内が寒い、セーターを着込んでいたほうがいいよ」

と言われたことを思い出す。眞也、正、吉留夫婦にも伝え、キャリーバッグから薄手のセータ

ーを取り出し着る。離陸してから二、三〇分はそうでもなかったが、急激に機内は冷え込む。毛布を巻き付け、隣の空席の毛布も借りる。あとで眞也たちに聞いたら、酒を呑んでいたからまったく寒くなかったと言う。納得する。

寒さと同時に空腹感を覚える。飛行機嫌いのため、この旅行まで乗った機内では緊張していて、空腹感どころではなかった。空弁なんてどんな人種が食べるのだろうと不思議だったが、食事の出ない国内便で腹が減ったら空弁はありがたいだろうなと思う。移動がすべて飛行機だったから、空を飛ぶことに少しは慣れたのかもしれない。

配られた西洋おかきみたいなスナック菓子を食べる。次に出てきたチキンソティ、パスタ、ロールパンにデザートのケーキまで完食する。お世辞にも旨いとは言えない料理だったが、「腹が減ってりゃなんでも旨い」と言うキケロの言葉を実感する。

機内でＴバックのパンツを考察する

斜め前に、可愛らしいドイツ人らしき女の子が座っていた。食事もそこそこにハードカバーで数式だらけの専門書を夢中で読んでいたが、食事の後片付けに来たでっぷり体型のおばちゃんＣＡになにか頼んでいる。すぐ、おばちゃんはジュースを持ってきた。喉が渇いていたのか、女の子は一気にジュースを飲みほした。読書ランプに白い喉がくねるように動く。

見ていて、なにかが思い浮かぶ。おばちゃんが横に立って視界を遮る。記憶の糸が切れる。なにを思いだそうとしていたかが消える。おばちゃんが床に落ちた食器を拾おうとしゃがみこむ。

薄手のCA制服の尻に、Tバックのパンツのラインが浮かぶ。えっ、その体でTバックを穿くの、と驚くと同時に、思いだした！　誠志会病院だと呟く。

誠志会病院とは、父が三途の川から追い返されたが、結局は渡って行った病院である。

父が入院してしばらくしたころ、見舞いに行ったら、ちょうど清拭をしていた。付添人と看護師が、ていねいに全身を拭いていく。七〇歳を越えても、身長一七〇センチ、体重は八〇キロを越え、スーツを作りにいったとき、スリーサイズはすべて一〇〇センチと百貨店店員を驚かせた偉丈夫が、今は見る影もなく痩せ衰えていた。タオルの下から覗く尻はげっそり肉を落とし、皮膚はたるみ骨盤そのままに窪んでいる。

見るに耐えられず、病室を出て自動販売機のある待合室に行く。ぼんやりしていたら、父を担当している二〇代後半らしき若い女医が入ってきた。

当直明けか、眼が赤い。こちらを振り向くことなく、缶コーヒーを買うと一気に飲みほす。喉がくねるように動く。飲みほした缶を缶入れに入れようとして落とす。しゃがみこんで缶を拾おうとしたとき、白い制服の尻に濃紺のTバックがくっきり浮かぶ。一瞬、Tバックに違和感をおぼえながら、その豊かな曲線に見惚れる。みずみずしくみっちりとして、軽く爪を立てただけでもはじけそうな肉が描く、丸々とした無限の生きる力を秘めた尻だった。

つい先刻の父の尻が思い浮かぶ。老いの残酷さを見せつけられる。父の病室を逃げ出した初老の息子は、性欲を催すというより触れるだけで生命力を吸い取られそうな女医の尻からすぐに眼を逸らし、そっとため息をつく。

機内の照明は消えている。毛布をもう一度体に巻きつけて眠る。気が付いたら、正面スクリーンの機影はシベリア上空を通過しようとしていた。成田到着二時間前との機内アナウンスがある。忘れていた誠志会病院女医の尻を思い出させてくれたおばちゃんCAが、ハムエッグとロールパン、紅茶の朝食を運んでくる。ハムエッグは駄作だったがパンは旨かった。ほぼ完食する。食後、紅茶を飲みながら、おばちゃんCAや女医だからTバックに違和感の印象が強く残ったことにおかしくなる。Tバックを穿いていても、AV女優なら制服みたいなものだから当然であり、街中の若くてスタイルだけはよいおネエちゃんなら「あり」だろうが、おばちゃんCAはその年齢と肥満体から、女医はその知的職業から不相応で「なし」と感じたのだろう。となると、クラコフでの吉留の都立大教授云々もからかえない。根底は似たようなものだ。年齢や体つき、職業でTバックを穿くのが不相応と感じる己のレッテル主義に気づき、この旅最後の反省をする。反省しながらデザートに出た大粒のブドウを食べたら、硬くて入れ歯が外れそうになりあわてる。

色彩豊かな中欧の風景

成田に到着する直前、機内で欧州全土に蔓延していた伝染病感染に関する申告書調査を受ける。そんな伝染病のことなど知らなかった。ともかく書く。入国管理官に渡すよう指示される。

到着して入国ゲートに向かう途中、ミュンヘンで写真を落とした初老の男が横を歩いていた。呼び止め写真を渡す。驚きながら喜んでくれた。このささやかな親切は、ジグソーパズルの一片で見せたつや子さんのやさしさに影響をうけたものだろう。

到着ロビーを出ると、リムジンバスで帰ろうということになる。成田エキスプレスのほうがいいなと思ったが、付き合うことにする。時刻表を見ると、眞也の所沢行きは一〇分後、正、吉留夫婦と乗る吉祥寺行きは一時間後だった。

切符を買った眞也が、

「愉快な旅だった、またゴルフにでも行こう」

と言う。吉留のいないことに気づき、

「吉留さんは？」

と、つや子さんに尋ねる。

「お手洗いに行ったようです」

と聞くと、時間もないのに急ぎ足でトイレへ吉留を探しに行く。出てきたところで挨拶して、手荷物をかかえながら眞也はあわててバスに乗り込んだ。どんな時でも、最後はきちんと挨拶して別れる。零細企業の社長として眞也が身に付けた生き方と推察する。

バスが出るまで、まだ少し時間があったので喫茶店に入る。吉留、正とも、そばにいくと少し酒臭い。つや子さんによると、機内では三人とも飲みっぱなしで、ウイスキー一本半を空けたそうだ。

さすがに喫茶店ではふたりともコーヒーを頼んでいる。酒疲れしたと見た。つや子さんが、デジタルカメラで撮った写真を見せてくれる。いつ撮られたかわからない写真も多かった。

そろそろバスの時間だ。財布を出そうとする正に、

「最後の旅の勘定だよ」

と言ってコーヒー代を支払う。

「この分も、あとでちゃんと計算しておいてくれ」

と、正が律儀に念を押す。

バス乗り場に行ったら、乗客は我々四人のほかにふたりしかいない。リムジンバス吉祥寺路線は、乗り込むとすぐに発車した。

初夏の陽射しを受けて、窓外の風景が妙に白っぽい。色が薄い。霞がかってはいたが、ベルヴェデーレ宮殿の印象派作品に描かれた色彩豊かな中欧の風景との違いが面白いなと思って見ていたら、疲れが出たのか眠りこんでいた。起きたら井の頭街道を走っている。道が空いていたのか、一時間二〇分で吉祥寺に着く。

降車場所の横はタクシー乗り場だ。正が両手で握手してきて、

「この旅行は面白かった、ありがとう」

と言いタクシーに乗り込む。吉留夫婦は、

「昼食を摂って帰る」

と言うから、

「じゃまた」

といって別れる。交差点を渡り、サンロードへ歩いていくふたりを見送る。

ひとりになる。どことなく居心地が悪い。今朝、ウイーンでトモと別れた時のような人恋しさを感じる。タクシーで帰る気がしない。
日曜午後の中央線は、休日でも意外に混雑している。人ごみの中にいたくて、吉祥寺駅構内に入り、国分寺行きの切符を買う。

（了）

おわりに

若い時からの習慣で、旅に出ると、眠る前にベッドの中で長文の日記を付ける。その日、なにを食べ、なにを見て、なにを感じたか、ただただ、思いつくままにだらだらと書き連ねる。

本書は、それをまとめたものだが、書き上げるまでには三つのきっかけがあった。

ひとつは、学生時代から五〇年になるゴルフ仲間であった旧友との雑談である。ゴルフ帰りの車中で、中欧の旅を話したとき、「面白い話だね、本にしたらどうだい」と勧められた。お互いに、それまで仕事の話をしたことがなかったから少し驚いたが、話はそれで終わった。数か月後、彼が急逝したとの連絡を受けたとき、その勧めを真っ先に思い出していた。

もうひとつは、四〇年間続けた少年誌の原稿連載が終わったことである。時間ができたので、その時間を打っ棄るため旧友の勧めに従い、出版のあてもない本書を書こうと思いついた。思いついたまではよかったが、書き始めたら内容にまとまりがなさ過ぎて、こりゃだめだと、早々に放り出してしまった。

最後は、数年前、たまたま知り合った我がゴルフの先達である。先達は、日本シニア、ミッドシニアに出場するという競技ゴルファーだが、トップ・アマにありがちな偏屈さや雑味がかけらもない。共にラウンドすると、亡くなった旧友と同じ居心地の良さを感じる。

先達は競技で大叩きしても、明るく「やらかしちゃいました」と言って、笑っている。彼の「やらかしちゃいました」を聞いたとき、そうか、中欧の旅で「やらかしちゃった」ことを書けばよいのかと気づき、放り出した原稿をひっぱりだしてきて、一気呵成に書き上げた。一見紀行文らしき「中欧の街角から」という表題ではあるが、内容は、中老の男が物心ついてからの、また、中欧の街角での、さまざまな「やらかしちゃった」ことを書き連ねただけ、とも言える。

ポーランドには、三年後の二〇一二年に再訪したが、欧州軍事博物館の取材旅行途中だったため、慌ただしく駆け巡っただけで終わった。

ただ、ユダヤ人がなぜポーランドに多く住みついたか、その答えのひとつが一一世紀末のポーランド国王ヴワディスワフ一世によるユダヤ人厚遇政策にあったことを知った。アウシュヴィッツの悲劇は、八四〇年前に始まっていたのかと、思うところは多かった。

最後になったが、「やらかしちゃった」ことを書き連ねた原稿を読み、的確な言葉の選び方から内容修正までを助言していただいた、批評社スタッフのみなさんに深く感謝したい。

二〇一六年一〇月

副田　護

著者略歴

副田 護（そえだ・まもる）

1947年生まれ。慶應義塾大学商学部卒業。出版社勤務を経て医療・軍事・古代史などをテーマとして執筆活動を行う。
主著として、『戦艦大和のすべて』『健康・常識の嘘』『太平洋戦争49の謎』『世界の謎』ほか多数。

中欧の街角から
———ポーランド三都市・ウイーン旅行記

2016年10月10日　初版第1刷発行

著　者……副田 護

装　幀……臼井新太郎

発行所……批評社
〒113-0033 東京都文京区本郷1-28-36 鳳明ビル102A
電話……03-3813-6344　　fax.……03-3813-8990
郵便振替……00180-2-84363
Eメール……book@hihyosya.co.jp
ホームページ……http://hihyosya.co.jp

組　版……字打屋
印刷所……㈱文昇堂＋東光印刷
製本所……㈱越後堂製本

乱丁本・落丁本は小社宛お送り下さい。送料小社負担にて、至急お取り替えいたします。

ISBN978-4-8265-0653-3 C0026